同時通訳者が教える
ビジネスパーソンの英単語帳
エッセンシャル

関谷英里子

携書化によせて

この本を手にとっていただき、ありがとうございます。
『カリスマ同時通訳者が教えるビジネスパーソンの英単語帳』の刊行から気づけば7年。その間、ビジネス英語を取り巻く環境も大きく変わりました。日本では、英語を社内公用語とする企業が出てきたり、通信環境の発達により出張のときにしか会うことがなかった海外の取引先と電話会議やテレビ会議が行われるようになったり、英文メールで多くのやりとりが行われるようになったり……。
また街中に視線を移すと、海外からの観光客も多くなり、デパートや飲食店などリテールの現場での接客英語の必要性も叫ばれています（英語のみならず中国語や韓国語の需要も多くなりましたね）。

私はといえば、『ビジネスパーソンの英単語帳』の刊行以来、自身が経営する通訳会社の運営とNHKラジオ「入門ビジネス英語」の番組収録、テキスト執筆などに全力を注ぐ日々が続き、ビジネス英語に関して多くの方々に話を聴いていただきました。
その後、最先端のビジネス事情を垣間見られるのではないか、という思いと、日本以外の世界で暮らし、学び、仕事をしてみたいという思いでアメリカ、カリフォルニアにあるスタンフォード大学経営大学院へ留学し、経営学修士を取得しました。その間もそして卒業後の今も、イノベーションの聖地シ

リコンバレーでスタートアップ・エコシステムを肌で感じる日々を送っています。

スタンフォードでの授業が始まる直前——私は新しい生活にわくわくし、授業もさぞかし楽しいことだろうと期待していました。

ところが実際に授業が始まってみると、うまく自分の思いが伝えられない。圧倒的に知識・経験不足の科目は基礎がなく、たいした意見が出てこない。そんな現実に落ち込む日々が続きました。

とはいえ、スタンフォードでは、落ち込んでいようが、どんなに予習や課題などに押しつぶされそうになっていようが、興味深い課外講義、期間限定クラスやイベントがたくさんあり、どれも参加したくなってしまいます。限られた学生生活ということもあり、「せっかくだから」となんでも申し込んでみました。

ところが、すぐに時間も体力も続かないことに気づき、それはそれで落ち込みました。すべてを経験できない、と思ってしまうからです。（ちなみにこういう心理状況を Fear Of Missing Out：せっかくのチャンスや楽しいことを逃しているのではないか、という恐怖＝FOMO（フォモ）と言います）

そんなぐちゃぐちゃした気持ちの中で出会ったのが、一本の動画でした。

Essentialism - The Disciplined Pursuit of Less

https://youtu.be/T9x6D09AKBU

スタンフォード経営大学院のユーチューブ・チャンネルです。話し手のグレッグ・マキューン氏はデザインシンキングなどでも知られるスタンフォード d. school （デザイン研究所）で講義も持ち、シリコンバレーで「本質主義」について説いている人物です。(著書に Essentialism (邦題:『エッセンシャル思考』かんき出版） があります。私のバイブルともなっているこの書籍、時間があるときによかったら読んでみてください。)

物事の「本質」にフォーカスすることの大切さを突きつけられて、それまでの自分の FOMO な生活を見直さざるを得なくなりました。結果のインパクトが大きい、数少ない活動に集中することで、最大の成果を出そう、というわけです。

その動画に出会う前は、とにかくいろいろなことに首を突っ込むだけに終始してしまい、すべてが不完全燃焼でした。
動画を見てからは、得たい学びは何か、「これだけはやりきった、と言いたい分野は何だろう」という原点に立ち戻り、残りは充実して過ごすことができました。
その結果、起業家養成プログラムなど、「起業、スタートアップ」をキーワードに活動を厳選し、その中でたくさんのアウトプットを出す方向に学びを変えていきました。それが功を奏してか、今でもシリコンバレーのスタートアップ界隈に携

わりながら、日々次世代を担いそうな人材やサービスを紹介してもらい、忙しいながらも焦点を絞った活動をしています。

ひるがえって、ビジネス英語の学習も実はこの考え方があてはまるのではないか、と思うのです。
文法事項や語彙の知識は、もちろんある程度は必要です。そして、日々の情報収集の中である程度の量の英語を読んだり、ふれたりしていないと、一定のところで成長は止まります。ただ、それら「基礎トレーニング」の習慣は必要ですが、実際にネイティブの世界で日々使われる、相手の気持ちを突き動かすような英語は本当はそう多くはないのではないかと思うのです。

難しくてなじみのない単語はなかなか覚えられないし、いざ苦労して覚えたとしてもすぐに忘れてしまいます。あるいは使わないまま忘れてしまうこともあるかもしれません。
ただ大量のインプットを良しとするのではなく、ビジネス英語の「エッセンシャル（本質）」を究めよう―それが今回の書籍執筆の動機です。そんな思いから〈エッセンシャル〉というタイトルをつけました。

世の中に情報があふれ、仕事もますます忙しい。仕事以外のプライベートも家族や友人との時間を精一杯楽しみたい、自分の時間も確保したい、健康的な規則正しい生活も送りたい……現代はとかく優先順位が見えづらく、物事を決めづらい環境なのではないかと思います。

そんな中でも、ビジネス英語に関してはフォーカスを忘れないよう、という願いを込めました。

ビジネスパーソンが英語を学ぶ目的をただひとつに絞るとしたら、相手の心をつかみ、ビジネスを前に動かしていけるようなコミュニケーションが取れるようになること。
それだけだと言い切ってもよいのではないでしょうか。
そのためには、相手の心に突き刺さるような英単語の習得が大切です。今回はその目的のために単語の例文などを大幅に更新しました。
またいわゆる英語の4技能と呼ばれるリスニング、リーディング、ライティング、スピーキングの学習法や心構え、ヒントを掲載しました。私も使っているアメリカ現地のツールや、スマートホンアプリなどのデジタル情報も満載です。

この一冊でますますビジネス英語の学習に身が入り、明日からの仕事にすぐに役立つものとなりますように。世界を相手にますます皆さんが活躍されますように。
今日も仕事を全力でがんばるあなたを応援する気持ちを込めて。

2016年5月
関谷英里子

はじめに

私はアル・ゴア米元副大統領、ノーベル平和賞を受賞されたダライ・ラマ14世、ヴァージン航空などで知られるヴァージン・グループ創設者のリチャード・ブランソン氏など著名人の講演会の同時通訳をしています。
ほかにも、私の実績リストに載っているのは冒険投資家のジム・ロジャーズ氏、マインド・マップの生みの親トニー・ブザン氏、世界的ベストセラーである『7つの習慣』の故スティーブン・コヴィー博士、『ザ・ゴール』の故エリヤフ・ゴールドラット博士など、それぞれの業界のトップの方ばかりです。
また仕事柄、オバマ大統領などの著名な政治家、マーティン・ルーサー・キング牧師やジョン・F・ケネディなど、歴史的な名スピーチも日夜研究しています。

業界トップの人々が使っている英語に日々ふれるにしたがって、気づいたことがありました。
世界を熱狂させる彼らのスピーチは、何かが違うのです。

文章の構成が特徴的？　しゃれた文法を使っている？　身振り手振りが大げさ？
いいえ、そうとは限りません。

心に響く言葉を話される方はむしろ身振り手振りは最小限に

抑えていることが多いのです。
では、違いは何なのだろう……と私はずっと考えていました。
何が違うかというと、彼らは使っている英単語が違うのです。
むしろ、それだけであるといっても過言ではありません。

例えばPART 1の冒頭で挙げる単語、share（シェア）。

何かを人に言うときにはsay（セイ）やtell（テル）を使う、と私たちは学校教育を通じて覚えました。それさえ覚えておけば、テストで×になることはありません。また、自分の考えを人に伝えるときにはthink（シンク）を使えば、とりあえずは大丈夫、間違っていません。
けれども、人の心をつかむリーダーはsayもtellもthinkも使わないのです。彼らはshareを効果的に使うのです。

次の2つの文を比べてみてください。

I will tell you what happened to me last week.
I will share with you what happened to me last week.

2つとも意味は同じです。
「先週私に起きたことを君に話そう」
けれどもtellかshareかの違いで、聞く人には印象が大きく違います。

最初の文は、一方的に「私」が「君」に話す。
それに対して2番目の文は、「私」に起きたことを「君」と

分かち合う。
前者が一方的で上から言っている印象を与えるのに対し、後者は分かち合いの精神がくみ取れます。
単語ひとつでこんなにも印象が違うのです。

人を熱狂させ、夢中にさせる人の言葉には、このような単語による印象の違いがふんだんに盛り込まれています。これらの単語は決して難しいものではありません。むしろ中学高校レベルの英語で十分にカバーされている単語です。

商社・外資系メーカーに勤務していたころから現在携わっている通訳・翻訳業務も含めると、私は10年以上、総計20,000時間はビジネスで使われる英語の勉強に費やしています。著名な経済学者のマルコム・グラッドウェル氏も著書『Outliers(邦題『天才！』講談社刊)』の中で、通常の人よりもアタマ一つ出るのに要する時間は10,000時間の修練を要するといったことを発表していますが、その倍の20,000時間以上です。

英語の会議で相手がどのような言葉づかいをしたのか、自分が何を言ったときにうまくいったか、など業務中にメモした単語や言い回しを集めた単語帳は、同時通訳として働く私の宝となっています。

例えば、generate(ジェネレイト)。商社に勤務していた際に出会ったこの単語のことは忘れられません。

それまでは「売上を上げる、利益を上げる」といったことは make sales(メイク・セールス)、make profit(メイク・プロフィット)と言っていました。決して間違っていませんし、意味は通じます。 けれども何か相手がしらけている印象を受けていました。 当時ブランドビジネスに携わっていた私は海外出張先で、提携していたある海外ブランドの担当者と次期の売上や利益を確保するための交渉をしていました。うまくいかないな、と思っていた翌日、相手ブランドの CEO の姿が見えたので、すかさずあいさつに行きました。 そのときにその方が使った言葉が、generate。「来期もしっかりと稼げるようにがんばりたまえ」というようなことを言われたのだと記憶していますが、その際彼は、私のように make は使いませんでした。

あいさつを終えて、その場で generate を辞書で引いたのを覚えています。

generate：発生させる、生み出す、引き起こす

とりあえずはその CEO のまねをして、次のミーティングで使ったところ、相手が一瞬止まったのがわかりました。きっとその会社ではキーワードだったのでしょう。 おかげさまでそのミーティングでは、相手も自分のことのように話を捉えてくれて、お互いの思いがひとつになった次期プランを完成させることができました。

その後もビジネスの場面で generate profit はひんぱんに耳にするようになりましたし、自分でも積極的に使うようになりました。generate は発電にも使われる単語で、make profit よりも、もっと自分たちの中から利益を生み出す印象を与えるのです。
このようにして、試行錯誤を重ね、世界のエグゼクティブが使う単語のまねをしながら、私はビジネスの英語を現場で身につけました。

本書では、著名人や業界トップが好んで使う英単語を厳選してあります。どれも実際に日々、私がビジネス会議や講演などの通訳の現場で聞いたり、実際に使ったりしている単語です。
ここで挙げた英単語を実際に発言にちりばめることによって、相手の反応が変わる、その瞬間をじっくり味わってみてください。あなたの自信につながること、そして実際にビジネスがより円滑にうまくいくことを実感できるはずです。

本書が、世界という舞台で活躍するあなたを助ける武器となることを信じています。

関谷英里子

本書の使い方

本書では、ビジネスにおけるその単語の使われ方を、
❶イラスト
❷例文＆ほかの使い方
で進みながら、わかりやすく取り入れられるように工夫しました。

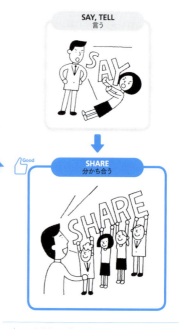

❶
最初にイラストで重要単語のイメージが示されています。視覚的・直感的にその単語のイメージをつかんでください。

本書で取り上げているのは、ビジネスの頻出単語です。また例文も実践の場で使えば、相手の反応が格段に良くなることを実感できるでしょう。まずは使う単語を変えてみる、そして例文を声に出す。実際に使えるようになったら、ご自分で考えた文章にして応用してみてください。

これから何かを話す、という際にまだ say や tell を使っている人はいませんか。それでは「私は言います」というように一方的な印象を与えかねません。その場にいる人たちと「話を共有したい」という気持ちを込めて share を使う場面によく遭遇します。share を使うことで、聞いている人をあなたの話に引き込みましょう。

△ **I will say to you my opinion on this issue.**
I will tell you my opinion on this issue.
これから君にこの件についての私の意見を言います。

→あなたが相手に言いたいことを言う、という一方的な印象です。

Good
I will share with you my opinion on this issue.
皆さんにこの件についての私の意見をお話しします。

→自分の意見を相手と共有したい、聞いてください、という分かち合いの精神が表現されます。

例文

▶ **I would like to share with you the objective of this meeting.**
このミーティングの目的を皆に伝えます。

▶ **He shared his thought on the business plan.**
彼はビジネスプランについての考えを話した。

 ほかの使い方 ☞ **market share**
　　　　　　　n [マーケットシェア] マーケットシェア、市場占有率

We gained 5% more market share since last month.
先月以降、**マーケットシェア**を5％増やすことができた。

②
ビジネスシーンを想定した例文や使い方が紹介されています。ご自分で例文の主語を変えたり、状況設定を変えたりして応用してみてください。

同時通訳者が教えるビジネスパーソンの英単語帳〈エッセンシャル〉 | **目次**

CONTENTS

携書化によせて ——————002
はじめに ——————007
本書の使い方 ——————012

PART 1 簡単なのに「この人デキる！」と思わせるキラー英単語

- 1-1 SHARE ——————022
- 1-2 AIM ——————024
- 1-3 COMMIT ——————026
- 1-4 FOCUS ——————028
- 1-5 FEEDBACK ——————030
- 1-6 EXPAND ——————032
- 1-7 GROW ——————034
- 1-8 OPPORTUNITY ——————036
- 1-9 KEY ——————038
- 1-10 GENERATE ——————040
- 1-11 ELABORATE ——————042
- 1-12 AVAILABLE ——————044
- 1-13 CONSIDER ——————046
- 1-14 UPDATE ——————048
- 1-15 RECAP ——————050
- 1-16 REVISIT ——————052
- 1-17 RESERVATION ——————054

|コラム| 実は最も短期間で上達できる！
リスニング・スキルアップ法 ——————056

PART 2 相手の心にしっかりササる、インテリジェント英単語

- 2-1 ADVANTAGE —— 064
- 2-2 MANAGE —— 066
- 2-3 CHALLENGE —— 068
- 2-4 IMPROVE —— 070
- 2-5 DESIGN —— 072
- 2-6 LAUNCH —— 074
- 2-7 SIGNIFICANT —— 076
- 2-8 DEVELOP —— 078
- 2-9 PERSPECTIVE —— 080
- 2-10 OVERVIEW —— 082
- 2-11 MILESTONE —— 084
- 2-12 SYSTEM —— 086
- 2-13 OPERATION —— 088
- 2-14 PROMOTE —— 090
- 2-15 ORGANIZE —— 092
- 2-16 SPECIFIC —— 094
- 2-17 APPLY —— 096
- 2-18 MONITOR —— 098

|コラム| シミュレーションと実践練習で
スピーキング・スキルが大幅アップ！—— 100

PART 3　1語で評価がぐっと上がる、オフィシャル英単語

- 3-1　ANNOUNCE —————112
- 3-2　POTENTIAL —————114
- 3-3　EXPERTISE —————116
- 3-4　EXECUTE —————118
- 3-5　DELEGATE —————120
- 3-6　ALTERNATIVE —————122
- 3-7　ENABLE —————124
- 3-8　ILLUSTRATION —————126
- 3-9　FIGURE —————128
- 3-10　FACILITATE —————130
- 3-11　BENCHMARK —————132
- 3-12　ASSUME —————134

|コラム|　仕事に関わるものを読めば一石二鳥
　　　　リーディング・スキル上達法—————136

PART 4　前向きに周りを鼓舞するリーダーのための英単語

- 4-1　INSIGHT —————146
- 4-2　EMPOWER —————148
- 4-3　IMPACT —————150
- 4-4　INSPIRE —————152
- 4-5　BELIEVE —————154

|コラム|　ディクテーションは最強！
　　　　ライティング・スキルを上げるなら—————156

PART 5 知らずに使うと損をする!? NGワード&フレーズ 12

- 5-1 I don't know
  「知らない」ではなく、これから学ぶ姿勢 ——166
- 5-2 You should/ You had better
  それでは脅迫になってしまいます！——167
- 5-3 What's your problem?
  けんか腰だと受け止められないように——168
- 5-4 Please
  「お願い!」多用すると慇懃無礼に取られる——170
- 5-5 Demand
  「さっさと送ってこいよ」そんな言い方、コワすぎる——172
- 5-6 Claim
  日本語の「クレーム」はclaimではありません——173
- 5-7 Power
  日本語の「力」はpowerではありません！——174
- 5-8 My English is very poor.
  英語が苦手なんです、とへりくだってはダメ——176
- 5-9 I have difficulty in hearing.
  聞こえづらいですか？——178
- 5-10 I'm fine!
  元気に答えたら、相手はそそくさといなくなってしまった——180
- 5-11 I don't care.
  「どうだっていいよ」になっていませんか——181
- 5-12 Handshake
  第一印象は握手で決まる！——182

おわりに——184
さくいん——188

本書は「ビジネスパーソンの英単語帳」「ビジネスパーソンの英単語帳+70」から最重要単語を厳選して解説・例文ともに大幅に改訂し、新語およびコラムを書き下ろした「エッセンシャル版」です。

PART

1

簡単なのに
「この人デキる!」と思わせる
キラー英単語

基本レベルなのに、使うだけでビジネスがうまくいく単語を集めました。ビジネスシーンで使うと相手の態度が変わることを実感できるでしょう。KEY や UPDATE など、カタカナ英語でおなじみの単語でも、英語の持つニュアンスまでしっかりと理解しておきましょう。

- 1-1 SHARE
- 1-2 AIM
- 1-3 COMMIT
- 1-4 FOCUS
- 1-5 FEEDBACK
- 1-6 EXPAND
- 1-7 GROW
- 1-8 OPPORTUNITY
- 1-9 KEY
- 1-10 GENERATE
- 1-11 ELABORATE
- 1-12 AVAILABLE
- 1-13 CONSIDER
- 1-14 UPDATE
- 1-15 RECAP
- 1-16 REVISIT
- 1-17 RESERVATION

SHARE

1-1

[シェア] **V** 分かち合う、共有する

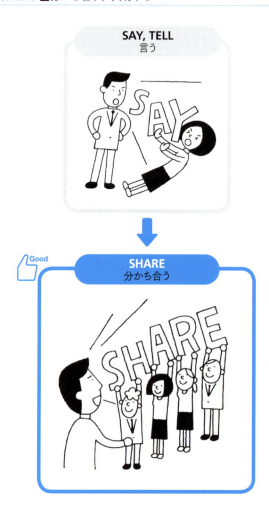

これから何かを話す、という際にまだ say や tell を使っている人はいませんか。それでは「私は言います」というように一方的な印象を与えかねません。その場にいる人たちと「話を共有したい」という気持ちを込めて share を使う場面によく遭遇します。share を使うことで、聞いている人をあなたの話に引き込みましょう。

 I will say to you my opinion on this issue.
I will tell you my opinion on this issue.
これから**君に**この件についての私の意見を**言います**。

→あなたが相手に言いたいことを言う、という一方的な印象です。

Good
I will share with you my opinion on this issue.
皆さんにこの件についての私の意見を**お話しします**。

→自分の意見を相手と共有したい、聞いてください、という分かち合いの精神が表現されます。

例文

▶ **I would like to share with you the objective of this meeting.**
このミーティングの目的を**皆に伝えます**。

▶ **He shared his thought on the business plan.**
彼はビジネスプランについての考えを**話した**。

ほかの使い方 ☞ **market share**
n［マーケットシェア］マーケットシェア、市場占有率

We gained 5% more market share since last month.
先月以降、**マーケットシェア**を5％増やすことができた。

AIM

[エイム] **n** 狙い、目標 **v** 狙う、目指す

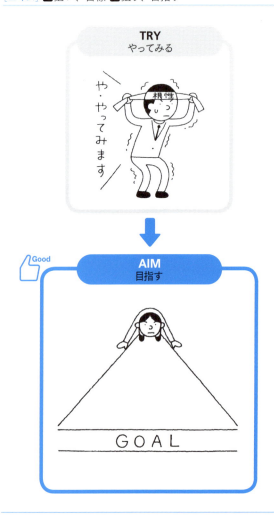

ビジネスの世界では、成果を出す意志を見せることが大切です。We will try.（やってみます）では弱気で及び腰な印象を与えてしまいます。aim を使って具体的に目指していること、達成したいことを挙げてやる気をアピールしましょう。

  We will try to acquire 1 million new users.
新規ユーザーを100万人獲得できるようにやってみます。

→tryでは、やってみるだけで頼りない印象を与えます。

Good

We aim to acquire 1 million new users.
新規ユーザーを100万人獲得することを**目指します。**

→実際にやる気があって、真剣に100万人を獲得するつもりでいるのが伝わります。

例文

▶ **We aim to provide the best possible service.**
我々は最高のサービスを提供します（提供することを**目指します**）。

▶ **This campaign is aimed at the age group of 21-25 yearolds.**
このキャンペーンの**対象**は21歳から25歳です。

1-3 COMMIT

[コミット] **V** コミットする、本気で取り組む、全力を傾ける

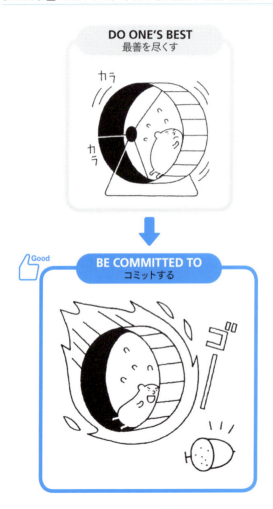

ビジネスシーンでI will do my best.（最善を尽くします）と言ったら「それでは不十分だ、結果を出せ」と言われかねません。がんばるだけで結果にコミットしない印象を与えてしまうからです。仕事に真剣に取り組んでいる、その本気度合いを、commitを使ってしっかりと表現しましょう。

 We do our best to satisfy customers.
我々は顧客満足度を上げるため、**がんばっている。**

→ただ「ベストを尽くす」だけで、がんばっても実績が伴わないことも想定されて、頼りない印象です。

Good

We are committed to customer satisfaction.
我々は顧客満足度向上に**真剣に取り組んでいる。**

→約束した結果を絶対に出すぞ、という意気込みが感じられます。

例文

▶ **We are committed to bringing out the best possible solution to the market.**
我々は市場に最良のソリューションを提供することに**真剣に取り組んでいる。**

▶ **We are committed to the quality of our product.**
我々は商品の質の向上に**全力を傾けている。**

 ほかの使い方 ☞ **commitment**　　**n**［コミットメント］コミットメント、約束

We cannot make such a commitment at the moment.
現段階では我々はそのような**約束**はできません。

☞ **committee**　　**n**［コミッティー］委員会

The two companies formed a joint steering committee for the project.
プロジェクトのために、二社は**合同運営委員会**を組織した。

FOCUS

[フォーカス] **V** 集中する、重点的に取り扱う

ビジネスにおいて、焦点を絞る、一点に集中することは重要です。大手メーカーの広告そのまま、just do 〜（〜だけをやる）なんて言っていませんか。それでは、ほかのことには一切手をつけない、いい加減な印象を与えてしまいます。何に重点を置くか（focus on 〜）を伝えましょう。

We will just do research and development this year.
我々は今年、研究開発**だけ**を行う。

→研究開発以外のことはほったらかしにする印象を与えます。

Good

We will focus on research and development this year.
我々は今年、研究開発分野に**力を注ぐ**。

→集中する、つまりある一つのことに注力することが明確にわかります。

例文

▶ **It is extremely important to focus on the arising issue.**
生じた問題に**焦点を当てる**ことが重要である。

▶ **This year we will focus on technological innovation.**
我々は、今年は技術革新に**力を注ぐ**。

ほかの使い方 ☞ **focus group** n [フォーカス・グループ] **フォーカス・グループ**
マーケティングの一環で行うグループ・インタビュー

1-5 FEEDBACK

[フィードバック] **n v** フィードバック（を行う）、意見（を述べる）

GROW

1-7

［グロゥ］ **V** 成長する、伸びる

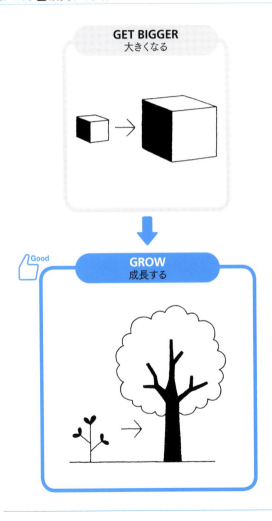

事業の内容、展開地域、商品ラインナップなどビジネスではさまざまな拡がりについて語る場面も多いでしょう。その拡がりを表現するのに最適なのが expand。「発展する、展開する」といったニュアンスも含んでおり、リーダーとして事業を引っぱっていく立場になるほど、使いたい単語です。

⚠ We want to go into China.
我々は中国の中に入りたい。

→intoを使って、中国市場に入り込みたいと表現したいようですが、「中国に行く」としか伝わりません。

Good

We intend to expand our businesses into China.
我々は中国にも事業を**拡げ**ようと考えています。

→拠点があって、そこから展開させるイメージが伝わります。

例文

▶ **We have expanded our market share by 7% over the last year.**
当社はこの1年間でマーケットシェアを7%**拡大**した。

▶ **ABC Company plans to expand their business into the production and sales of cosmetics.**
ABC社は化粧品の製造販売へと業務を**拡大**させようとしている。

ほかの使い方 ☞ **expansion**　　**n**［イクスパンション］拡大、拡張

We are experiencing rapid population expansion in Shanghai.
上海では、人口が急速に**増大**している。

1-6 EXPAND

[イクスパンド] **V** 拡大する、拡げる

GO INTO
～に行く

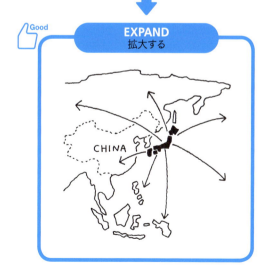

Good

EXPAND
拡大する

意見を聞きたいときに What did you think?（どう思いますか）という表現は非常に便利に思えますね。それでは「いいんじゃない？」「ダメだな」といった漠然とした感想しか得られません。「改善のための意見」というニュアンスのある feedback を使ってもっと具体的で建設的な意見を引き出しましょう。

△ What did you think of the presentation?
プレゼンテーションについて、**どう思いましたか**。

→漠然と「思い」を聞いている感じです。

Good
Could you give us some feedback on the presentation?
プレゼンテーションについて、**ご意見をお聞かせ**ください。

→見聞きしたものに対しての具体的な意見を聞くという点で、ビジネスにふさわしい表現。

例文

- ▶ I **gave** him some **feedback on** his new product.
  新しい商品について彼に私の**意見**を伝えた。

- ▶ I received **feedback** from my client.
  クライアントから**フィードバック**を得た。

- ▶ We welcome any kind of **feedback**.
  どんな**ご意見**でもいただければ幸いです。

- ▶ Thank you for your candid **feedback**.
  率直な**ご意見**をありがとうございます。

人や動植物などが成長するときにも使う grow。基本単語でありながらも、ビジネスで使うと売上や利益の向上、チームの成長など発展性のあるイメージを伝えられます。

Our business is getting bigger.
事業が**大きくなっている**。

→間違ってはいませんが、幼稚な印象を与えかねません。どのように大きくなっているかが想像しづらい表現です。

Good

Our business is growing.
我々の事業は**ますます成長しています**。

→本業が軌道に乗り、事業が着実に成長していることが相手に伝わります。

例文

▶ **This year, sales have been growing by 10% month after month.**
今年は毎月10％ずつ売上が**伸びています**。

▶ **We'll focus on growing our core business this quarter.**
今四半期はコアビジネスを**成長させる**のに集中します。

 ほかの使い方 ☞ growth　　　　**n** [グロウス] 成長

We want to sustain this rate of growth.
この**成長**度合いを維持したいのです。

It's a simple tool to measure growth.
成長を測定するシンプルなツールです。

OPPORTUNITY

1-8

[オポチュニティ] **n** 機会、好機

チャンス＝chanceと考えるのはちょっと待って。英語のchanceには偶然性、リスクが多く含まれており、冒険、危険、賭けという意味にも使われるように、必ずしも実るニュアンスはありません。より実りやすい好機を表すならopportunity。chanceより確実性が高く前向きなイメージです。

⚠ I want to use this chance to thank everybody.
この**チャンス**を利用して皆さまに感謝したいと思います。

→chanceは偶然性が高く、リスクも多くてうまくいかない機会をも含むので、この場合には適切な単語ではありません。

Good
I'd like to take this opportunity to thank everybody.
この**機会**を利用して皆さまに感謝したいと思います。

→opportunity自体に「好機」という意味があり、前向きな単語です。

例文

▶ **This is an opportunity not to be missed.**
これは逸してはならない**チャンス**である。

▶ **This is a great opportunity for growth.**
これは成長のためのよい**機会**である。

ほかの使い方 ☞ **opportunity cost** n [オポチュニティ・コスト] 機会費用

Opportunity cost is the value of the next best choice that one gives up when making a decision.
機会費用とは、意思決定をする際に断念した次善の選択をしたら得られていた利益を指す。

1-9 KEY

[キー] **n** 鍵、ポイント

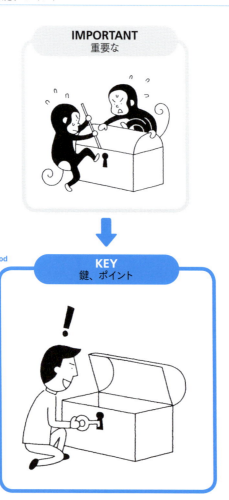

ビジネスにおいて重要なことは多々ありますよね。どれも大切だからこそ、常に important を使って表現するだけではその重みが伝わらない場合も想定されます。key を使えば、最重要ポイントをズバリと伝えることができます。

○ It's important to set a clear goal.
明確なゴールを設定することが**大切**です。

→重要であることは伝わりますが、どれくらい重要かがぼんやりしています。

Good
The key is to set a clear goal.
明確なゴールを設定することが**ポイント**です。

→もっとも大切なポイントがしっかりと伝わり、まさに成功への鍵を手に入れたも同然です。

例文

▶ **Innovation is the key to survival.**
今後生き残っていくためには革新(イノベーション)が**鍵**となります。

▶ **The key is to be at the right place at the right time.**
適時に適所にいることが**ポイント**です。(よいときに、よいところにいるのがポイントです)

ほかの使い方 ☞ key　　　　　adj [キー] 肝要な、極めて重要な

How we can automate the process has become a key issue.
どのようにしてプロセスを自動化するかが、**重要な**課題になりました。

1-10 GENERATE

[ジェネレイト] **V** 生み出す

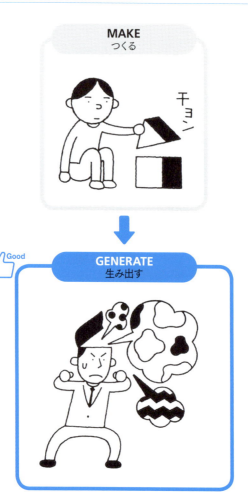

make profit（利益を上げる）、make money（カネを生む）……間違ってはいませんが、デキるビジネスパーソンならそんな単純な言い回しはやめませんか。力強く「生み出す、稼ぎ出す、引き起こす」ニュアンスが伝わる generate を使って、周りの人をぐっと巻き込みましょう。

We will make profit.
我々は利益を**つくります**。

→generateに比べると、うわすべりな印象を与えます。

Good

We will generate profit.
我々は利益を**生み出します**。

→生み出す、引き起こす、発生させるという内側から本当に利益が生み出されるイメージを相手に植えつけます。

例文

▶ **We will generate profit from this business.**
我々はこの事業から利益を**生み出す**。

▶ **This promotion will generate leads.**
このプロモーションをすることによって見込み客を**創出する**ことができる。

ほかの使い方 ☞ **generation**　　**n** [ジェネレイション] 世代

This will be a promise to the next generation.
これが次の**世代**への約束となります。

☞ **generate leads**　［ジェネレイト・リーズ］リード（見込み客）を創出する

We have experimented ways to generate leads.
我々は見込み客を創出する方法を何通りか試した。

☞ **lead generation**　　**n** [リード・ジェネレイション] 見込み客の創出

マーケティングでの頻出熟語

1-11 ELABORATE

[イラボレイト] **V** 詳しく説明する

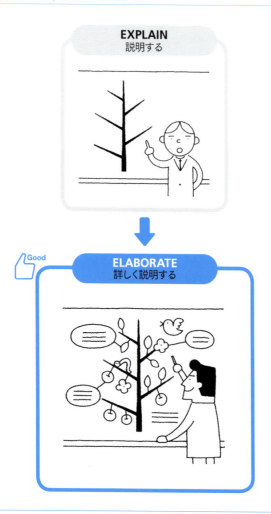

もっと相手の話を詳しく聞きたいとき、どうしていますか。あなたの話に興味があって、もっと聞きたいのです！という前向きな姿勢を伝えられるのがelaborate。ビジネスシーンで活用したい重要単語です。

Could you explain more?
もっと**説明**していただけますか。

→ 相手の説明が足りない、と暗に言っているようにも取られてしまいます。

Good

Could you elaborate on what you just said?
今おっしゃったことについて、もう少し**詳しくお聞かせ**いただけますか。

→ より詳しい説明が欲しい、という意欲的な姿勢をアピールできます。

例文

▶ **Please elaborate.**
ぜひ**詳しく説明**してください。

 ほかの使い方 ☞ elaborate
adj ［イラボレイト］手の込んだ、精密な、入念な、わざとらしい

See page 61 for a more elaborate description.
詳しい説明については61ページをご覧ください。

This is an elaborate design from the 17th century.
こちらは17世紀の**精密な**デザインです。

That was an elaborate excuse.
手の込んだ（わざとらしい）言い訳だったなぁ。

He made an elaborate pretense of sighing.
彼はため息をついて（暗につまらないと）**わざとらしく**表現した。

1-12 AVAILABLE

[アヴェイラブル] **adj** 利用できる、手があいている

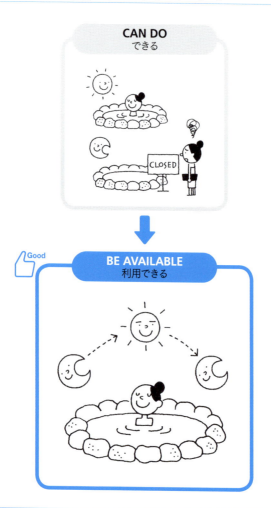

利用可能であること、手があいていることを示す頻出用語。商品やサービスが提供できるのか、できないのか、電話などである人が席にいるのか、いないのか、今話せるのか話せないのかを伝えるときにそれを端的に表現できる単語です。

⚠ We can't do services in your country.
あなたの国ではサービスが**不可能なんです**。

→ 不可能、と言いきってしまっては何が根拠で不可能なのか意味が不明で相手の気分を害してしまうこともあるでしょう。

Good

Some services may not be available in your country.
サービスによってはお客様の国では**利用できない**ものもございます。

→ その国でサービスが提供できない何かしらの理由があるのだろう、と推測でき、ビジネスにふさわしい言い方です。

例文

▶ **Our new Product G will be available in stores this winter.**
新商品Gはこの冬、**店頭でお買い求めいただけます**。
（Available in stores now!と書いてあれば、「今なら買えますよ!」というニュアンスを含んでおり、新発売を意味しています）

▶ **Is Mr. Goto available? — Yes, he is. Hold on one moment, please.**
後藤さんは**いらっしゃいますか**。— はい、おります。少々お待ちください。

▶ **Is Mr. Goto in? — I am afraid he is not available at the moment.**
後藤さんはいらっしゃいますか。— 申し訳ありません、後藤はただいま**席を外しております**。

CONSIDER

[コンシダー] **V** よく考える、検討する

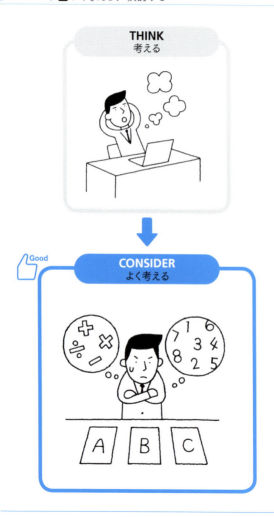

RECAP

[リキャップ] **n** まとめ、簡単な要約、振り返り

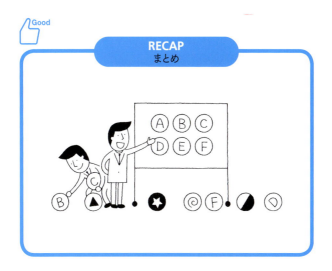

ビジネスの世界では最新の状況を把握しておくことはとても大切です。「最新の状態にする」という意味合いもあり、スピード感を表現したいときに最適なのが update です。

This is the situation today.
これが**今日の**状況です。

→せっかくの状況報告があっさりとした感じに聞こえます。

Good

Let us update you on the situation as of today.
今日の状況について**アップデートさせてください**。

→状況報告一つとっても、最新のものを説明している印象を与えます。

例文

▶ **Please keep me updated on the status of your project.**
私にプロジェクトの進捗を**逐一報告してください**。

▶ **The data is updated about once every fifteen minutes.**
データは約15分に一度、**更新されます**。

ほかの使い方 ☞ update

n [アップデイト] アップデート、最新情報、最新化

Give me an update on the situation.
状況の**アップデート**をしてください。

UPDATE

[アップデイト] **V** アップデートする、更新する

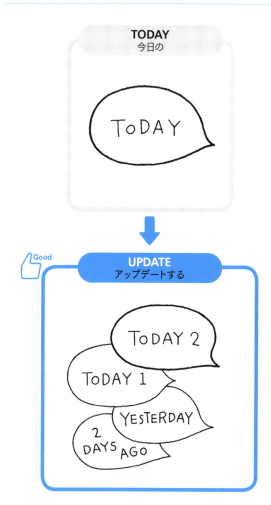

デキるビジネスパーソンは単に「考えている think」だけでなく、「よく考えている」はずです。そんなとき、重宝するのが consider。また相手に consider してくださいと言えば、「よく考えてから返事をください」と暗に伝えることができるので、相手も真剣に考えてくれるでしょう。

Please think about the other option.
別のオプション（選択肢）を**考えて**ください。

→相手はさらっと表面的にしか考えてくれないかもしれません。

Good
Please consider the other option.
別のオプションも**ご検討**ください。

→単に表面的に考えるのではなく、念入りに考慮してほしいことを相手に伝えられます。

例文

▶ **Please consider my proposals.**
私の提案を**ご検討**ください。

ほかの使い方 ☞ consideration

n [コンシダレイション] 熟考、思いやり

After careful consideration, we have decided to invest in a new machine.
熟考を重ねた結果、新しい機材を導入することに決定した。

Thank you for your consideration.
お心遣いをありがとうございます。

ビジネスの現場でひんぱんに使われる recap という単語。実は recapitulation という名詞を省略した形なので、辞書を引いても的確な訳が見つかりにくいのです。(ここでは「帽子をかぶり直す、キャップを締め直す」という意味ではないので、くれぐれもご注意を!)

> Good
>
> **Let me give you a quick recap.**
> ざっと今までのところを**まとめて**お伝えしますね。

例文

▶ **Let me begin with a recap of the situation.**
状況の**まとめ**をしてから始めたいと思います。

ほかの使い方 ☞ recap [リキャップ] = recapitulate　**V** まとめる

To recap our conversation, we could say that this has been a year of transitions.
ここまでの会話をざっと**まとめる**と、今年は変化の過渡期にあった年だと言えるでしょう。

Could you recap up to here so far?
いままでのところをざっと**まとめて**いただけますか。

REVISIT

[リヴィジット] **V** 再訪する、再考する

ビジネスでは物事を再度検証することや違う角度から見直すことも、ときには重要です。そんなときに、たとえばpostpone（延期する）と言うと、ただ物事を先送りにしているような印象を与えてしまいます。今は採用しないけれど将来的に見直してもよいと伝えたい場合はrevisitで前向きに再検討する意思があることを表現しましょう。

We will postpone our discussion on this issue.
この問題について考えるのは**後回しにします。**

→いつまで議論が延期されるのかが不明確で、聞いている側は不安になります。

Good

We will revisit this issue next summer.
この問題については来年の夏に**また検討したい**と思います。

→来年の夏にまたこの問題について話し合う、と先の見通しを示しているので、聞き手は安心して会話を終えることができます。

例文

▶ **It is an idea worth revisiting at a later time.**
もう少し経ってから考える**べき（考える価値のある）**アイデアです。

▶ **We would have to revisit this issue next summer.**
この件に関しては（**今は時間がないのでやむを得ず**）来年の夏にまた**見直したい**と思います。

→would have toを使うと「今は時間がないのでやむを得ず」来年の夏にこの問題に取り組む、という意思がニュアンスとして付け足されます。会議を進行する立場の方や部下をお持ちの方は、この言い回しを覚えておくとよいでしょう。

1-17 RESERVATION

[レザヴェイション] n 懸念

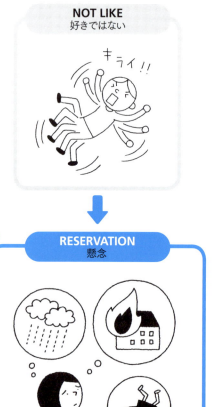

reservationを「予約」の意味だけに使っていたらもったいない！ 仕事は好き嫌いで判断すべきではなく、成果の有無で見るべきです。ただ、どこかにモヤモヤした懸念事項がある際はそれをはっきりと表現し、周りの方と共有するのも大切ではないでしょうか。「キライ」「いやだ」と言うのではなく、スマートに「懸念がある」と表現することによって、はっきり言いつつ、感情的ではなく冷静な印象を与えられます。

⚠ I don't like this project.
私はこのプロジェクトが**気に入りません**。

→ 感情的な好き嫌いを仕事に持ち込む人だと思われて損です。

Good
I have reservations about this project.
私はこの計画に**懸念を抱いています**。

→ 抑えた気持ち＝前向きに考えられない原因があることをスマートに表現しています。

例文

▶ **I sense reservation.**
ためらいがあるようですね。

▶ **We have reservations about the proposal.**
その提案に対して、我々は**懸念を抱いています**。

ほかの使い方 ☞ reserve　　**n** [リザーヴ] たくわえ、備え、予備

金融においては「(銀行などの) 準備金」として使われる頻出単語です。金融危機のニュースの際によく耳にした「FRB」のRは実はこのreserveで、Federal Reserve Bank (連邦準備銀行) や、Federal Reserve Board (連邦準備制度理事会) の略なのです。

column
実は最も短期間で上達できる！
リスニング・スキルアップ法

「英語のリスニングが苦手」「相手の言っていることが速くて聴き取れない」……日本語とは音が異なるのでどうしても苦手意識を持ってしまいがちな英語のリスニング。実はリスニングに慣れるための意識改革が必要なのです。

英語は「速い」のではなく、「短い」のです。

たとえば、ディズニー映画で大変人気のあった「アナと雪の女王」の主題歌 Let It Go を思い出してください。日本語歌詞では「ありのままで」となっていましたが、原曲のタイトルもサビも Let it go. 歌うときには「レリゴー♪レリゴー」でしたよね。

1単語ずつ日本語読みにすると「レット・イット・ゴー」これはレ・ッ・ト・イ・ッ・ト・ゴ・オと8つの音になります。ですが、実際の英語はレ・リ・ゴーと3つの音です。

日本語読みの影響で、Let it go. は8つの音になるはずだと思い込んでいては「レリゴー」が Let it go. であるというようには頭で認識できず、聴き取れないのです。

アメリカ人の友人から「ツァッ」とあいさつされて、何と言っ

ているかわからなくて一瞬固まってしまった、という日本人の知り合いがいました。日本語の「こんにちは」を短く「ちわっ」と言っているわけではなさそうだ。でも、とりあえず「ツァッ」と同じように返した、と言っていました。

実はこの感覚が英語のリスニングでは正解なのです。

これは What's up?（調子どう？）というくだけたあいさつが「ツァッ」と聞こえたようです。日本語読みすれば「ホ・ワッ・ツ・ア・ッ・プ」と7音になりますが、実際は1つの音しか聞こえないくらいなのです。

日本語では「ん」以外は、音は母音、あるいは子音＋母音で等しく発音しますが、英語は子音のみの部分があったり、アクセントの強弱があったりするため、日本語の感覚と大幅に違うのです。そこで、「英語は速いのではなく、短い」と意識を変えてみるのがリスニング力向上の第一歩となります。

4技能と呼ばれる「聴く・読む・書く・話す」の中で、受動的な技能を「聴く・読む」、発信的な技能を「書く・話す」だとするとリスニングは受動的な分だけ、しっかりと力がついてくるのも事実。リスニングに苦手意識を持つ人が多い一方で、スピーキングやライティングと比べて、コツコツ学習を続けることで最もめざましい進歩を遂げられます。実際に英語にふれる中で力をつけていきましょう。

英語を聴くときに大切なのは、その音を聴こえたままに自分で発音してみること。前出「ツァッ」のエピソードで紹介した知人は、最初こそネイティブスピーカーの発する英語に圧倒されていましたが、聴こえてくる英語の音をそのまま吸収し、自分もその感覚で英語を繰り返し声に出していたのでみるみるうちにリスニング力もスピーキング力も上がっていきました。

●リスニングに役立つリピーティング、シャドウィング

2つとも聴こえてきた英語をそのまま声に出すトレーニングです。一文ずつ繰り返すのが「リピーティング」、流れていく英語の話に影のようについていくのが「シャドウィング」です。慣れないうちは英語のスクリプト（原稿）を見ながら一文ずつ繰り返すリピーティングから始めてみてください。実はスピーキングのスキルアップにもつながります。実際はリスニング教材の付属CDのあとに続いて声を出していくのが手っ取り早い方法です。そこでビジネスパーソンのみなさんにおすすめなのが『英会話ペラペラビジネス100』（アルク）。実際にビジネスで多用される英語フレーズや会話例が収録されています。CDから聴こえてきた英文のあとに続いてその場面の登場人物になりきって、英語を声に出してみてください。英語の「音」の感覚を身につけられます。

●おすすめリスニング用アプリ

通勤時間を英語学習に有効に使いたい、という人も多いと思います。感覚的に慣れることが大切なので、リスニングは通

勤時間などスキマ時間に学習するのに適しています。

ただ、電車通勤などでリピーティングやシャドウィングができる環境ではないときは、リスニング用教材やアプリを使って、英語を聴いているのでもいいでしょう。こういうときは音を聴き取る、というよりは内容を把握できるように集中してみてください。

くれぐれも「聞き流し」をして、英語を学習したつもりにならないように！ 内容に意識を向けずに、英語のシャワーを浴びるだけに終始して聞き流してしまっていては、わからない英語の音は単なる雑音です。

English Upgrader

TOEICを運営する国際ビジネスコミュニケーション協会が配信しているアプリで、TOEIC学習にはもちろん、一般的なビジネス英語の学習にも役立ちます。

きこえーご

英語スピーチなどの動画を活用したリスニングアプリ。ゲーミフィケーションの要素があるため、楽しみながらゲーム感覚で学習を進めていける工夫もされています。

NHKネットラジオ らじるらじる

NHKラジオがアプリで聴けます。私も、2015年まで担当していた「入門ビジネス英語」の夜の15分間の放送などはアプリで聴いていました。通勤時の朝や、昼休み、夜など少し時間があいたときにNHKラジオの語学講座を聴けるので

非常に便利です。

上記は日本のサービスですが、中級者以上のみなさんは、下記のように海外サービスのアプリを使ってみることもおすすめです。「英語の勉強」という感覚を脱して「英語で情報収集」というモードに切り替えましょう。

Audible
アメリカなどでも、本は「読む」だけではなく「聴く」つまり、オーディオブックで情報をインプットする人も多いです。こちらはオーディオブックのアプリという印象が強いですが、デジタルエンタテイメント全般のコンテンツがそろっているので、オーディオブック以外にもラジオ、テレビや新聞、雑誌のコンテンツを聴くことができます。通常は初月無料、2か月目から有料。

Colony FM
ウェブやアプリのサービスは、変遷するスピードが速いのも特徴です。以前はumanoというキュレーションされたニュース記事の読み聞かせサービスが気に入っていましたが、ドロップボックス社に買収され、2015年夏でサービスが終了してしまいました。
そこで代替になるサービスを探していて出会ったのが、コロニーFM。ニュース、マーケティング、マネジメントなどの分野でコロニーが探してきた記事の読み上げサービスです。2016年にできたばかりなので、このあとサービスが続くの

か、どのように変わっていくのかいかないのかなど気になるところですが、よかったら試してみてください。

（注）ご紹介したアプリは無料、アプリ内課金、有料のものがあります。ご自分でサービスを確かめて学習目的や用途に応じてご利用ください。また 2016 年 5 月現在、サービスを提供しているものをお知らせしています。

PART

2

相手の心にしっかりササる、インテリジェント英単語

知ってはいるのに、ビジネスの場でなかなかスムーズに出てこない英単語ってありますよね。仕事をきっちり把握し、成果を上げられる一流のビジネスパーソンであることをアピールできる、プロフェッショナルらしさと知性が光る単語をご紹介しましょう。

2-2 MANAGE

[マネジ] **V** うまく〜する、経営する、管理する

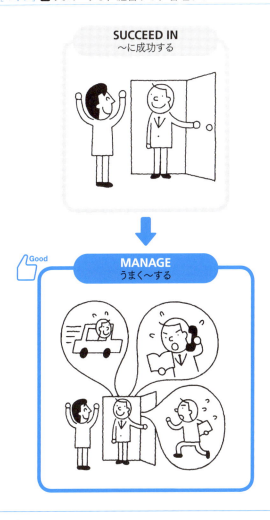

商品やサービスの強みや特性について語るのはビジネスには不可欠な要素です。ただ、いつも good point（良い点）、strong point（強い点）と基本単語だけで済ませていたら少し幼い印象を与えてしまうかもしれません。そこで覚えておきたいのが advantage。比較対象があり「〜と比べての利点」を表現するにはうってつけです。

These are the good points of the plan.
この計画の良い点はこちらです。

→英語としては間違っていませんが、平板な印象になります。

Good

These are the advantages of proceeding with this plan.
この計画で進行した際の利点はこちらです。

→「ほかの計画と比べて」この計画で進めた方がよい、ということをひと言で表しています。

例文

▶ **The advantage of using this service is that it is cost-efficient.**
このサービスを使う利点は、費用効率が高いという点だ。

 ほかの使い方 ☞ **disadvantage**
n ［ディスアドヴァンティジ］デメリット、不利なこと、不便なこと（反対語）

His lack of management experience was a major disadvantage for him.
マネジメント経験の不足が、彼にとっては大いに**不利**であった。

2-1 ADVANTAGE

[アドヴァンティジ] **n** 強み、利点、優位性

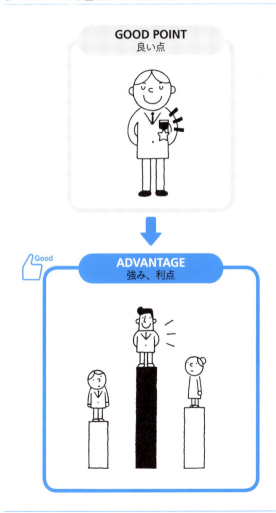

- **2-1** ADVANTAGE
- **2-2** MANAGE
- **2-3** CHALLENGE
- **2-4** IMPROVE
- **2-5** DESIGN
- **2-6** LAUNCH
- **2-7** SIGNIFICANT
- **2-8** DEVELOP
- **2-9** PERSPECTIVE
- **2-10** OVERVIEW
- **2-11** MILESTONE
- **2-12** SYSTEM
- **2-13** OPERATION
- **2-14** PROMOTE
- **2-15** ORGANIZE
- **2-16** SPECIFIC
- **2-17** APPLY
- **2-18** MONITOR

「〜できた」というときに succeed in ばかり使っていませんか。ちょっと堅苦しいんですよね。そこで使いたいのが日本語でもすっかり定着した「マネジメント」の語源の動詞 manage。「経営する、管理する」という使い方だけではもったいない。実はもっと広範囲な意味があり「がんばってやる、なんとかやり遂げる」というニュアンスを含んでいるのです。

⚠ We succeeded in completing the task.
タスクを完了させることに**成功しました**。

→ ちょっと堅すぎて、タスクがおおげさに聞こえます。

Good

We managed to complete the task.
タスクを**(なんとかうまく)やり遂げました**。

→ がんばってそのタスクをやり遂げたことが伝わります。

例文

▶ **Unfortunately**, I don't think I'll be able to manage it.
あいにく**どうしても都合がつき**そうにありません。

 ほかの使い方 ☞ **manager**　　**n** [マネジャー] マネジャー、管理者

He became the manager of the department in April.
彼は4月にその部署の**マネジャー**になりました。

☞ **management**　　**n** [マネジメント] マネジメント、経営、管理

Nobody had doubts about his management abilities.
誰も彼の**経営手腕**を疑う者はいなかった。

2-3 CHALLENGE

[チャレンジ] **n** 挑戦すべき・やりがいのある課題

PROBLEM
問題

Good
CHALLENGE
(やりがいのある) 課題

名詞の challenge は前向きな響きのある「挑戦するに値する課題」と覚えておきましょう。「厄介な問題」というニュアンスのある problem を使ってしまうと聞き手にネガティブな印象を持たれてしまいます。challenge を使って課題を乗り越えようとしている姿勢をアピールしましょう。

⚠ We are facing a big problem.
我々は大きな**問題**にぶち当たっている。

→これでは聞き手は「ややこしい問題なのだろう」とかまえてしまい、その後の話が難航してしまうおそれがあります。

Good

We are facing a big challenge.
我々は大きな**課題**に直面している。

→難問に挑戦しているが、それはやりがいのある課題であり、乗り越える意志までもが表現されています。

例文

▶ **The biggest challenge was to find the right people.**
適切な人材を見つけてくるのが、最大の**課題**だった。

▶ **That's a challenge.**
それはやりがいのある**チャレンジ**だ。

ほかの使い方 ☞ challenge Ⅴ[チャレンジ] 異議を唱える

動詞の場合は「異議を唱える」ことを意味することが多いので注意。

The latest research data challenged the old assumption.
最新の研究結果は古い仮説に**異議を唱える**ものとなった。

IMPROVE

[インプルーヴ] **V** 改善する

昨日よりも今日、今日よりも明日、日々より良い方向を目指すビジネスパーソンならマスターしたい英単語。「より良くする」を make better と言ってしまう人を見受けますが、よりプロフェッショナルらしさをアピールできる improve をスムーズに使えるようになりましょう。

We can make our production better.
生産をもっとよくできます。

→make betterでは抽象的な印象を与えます。

Good

We can improve our production efficiency by 10% this quarter.
今四半期は、生産効率を10%**改善**できます。

→具体的に物事が改善し、向上することを聞き手にイメージさせられます。

例文

▶ **We should improve the service based on customer feedback.**
顧客の意見に基づいてサービスを**改善**していくべきである。

▶ **We must drastically improve our performance.**
業績を大幅に**改善する**必要がある。

2-5 DESIGN

[デザイン] **V** 設計する、立案する、企画する

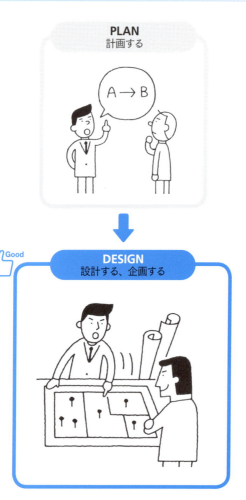

「デザイン」はファッション用語だと思ってしまっている人もいるかもしれません。英語では、入念に計画する、企画する、設計する、意図する、といった意味があり、ビジネスシーンで使い勝手の良い単語です。本来の意味を知ってどんどん使いましょう。

Our strategy is carefully planned.
我々の戦略は注意深く**計画されたもの**である。

→計画が外部に漏れないように注意しなければならないことや誘拐などビジネスとは違うことを連想させてしまいます。

Good
Our strategy is carefully designed.
我々の戦略は注意深く**設計されたもの**である。

→戦略が具体的に、緻密に計算されたものであるというニュアンスで、ぐっとエグゼクティブらしくなります。

例文

▶ **The survey was designed to collect constructive feedback from the audience.**
この調査は聴衆からの建設的なフィードバックを集めるように**設計された**。

ほかの使い方 ☞ design　　　n [デザイン] 設計、デザイン

An effective strategy requires carefully design.
優れた戦略は**慎重な設計**を要する。

The design of the bridge is very unique and modern.
この橋の**デザイン**はとても独特で現代的である。

2-6 LAUNCH

[ローンチ] **V** 立ち上げる、開始する

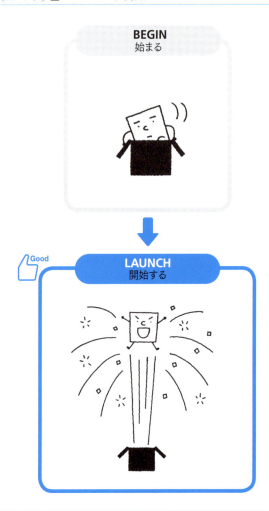

launch は衛星やロケットの打ち上げやミサイルの発射に使われることからもわかるように、ダイナミックなニュアンスを含んでいます。事業を立ち上げるのは launch a business、ブランドを立ち上げるのは launch a brand、キャンペーンを展開するのは launch a campaign というように使えます。

The advertising campaign will begin before the product is on sale.
商品が売られる前に広告キャンペーンが**始まります**。

→ひとりでにキャンペーンが始まるような印象を与えます。

The advertising campaign will be launched a week before the product goes on sale.
商品が発売開始になる1週間前から広告キャンペーンが**展開されます**。

→キャンペーンという大がかりな仕掛けが「立ち上がる」感じが伝わります。

例文

▶ **The company is planning to launch a new product next month.**
その会社は来月、新商品を**発売開始する**予定です。

▶ **There are plans to launch the brand throughout Asia in the near future.**
近い将来、アジア全域にブランド**展開する**ことが計画されています。

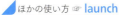

Within six months of the launch, her book sold 300,000 copies.
発売開始から6カ月で、彼女の本は30万部売れた。

SIGNIFICANT

[シグニフィカント] **adj** 重要な、意義深い

IMPORTANT
重要な

SIGNIFICANT
意義深い

ビジネスでは一つひとつの戦略も行動も大切です。だから英語ではつい important を多用しがち。決して間違ってはいませんが、同じ表現を繰り返していると、そのうち important と言っても軽んじられてしまうおそれもあります。メディア報道でも多用される significant を使って、表現にバリエーションと重みをもたせましょう。

⚠️ She played an important role in redesigning the product.
彼女は製品の再設計をする際に**重要な**役割を果たした。

→間違ってはいませんが、いつも important と言ってしまうと表現もワンパターンで、ことの重要さが伝わりにくくなります。

Good
👍 She played a significant role in redesigning the product.
彼女は製品の再設計をする際に**重要な（意義深い）**役割を果たした。

→意義深く、認識する意味があり、周りへの影響も大きいような、深い印象を与えられます。

例文

▶ **We've made significant progress over the past year.**
この一年で**意義のある**進歩を遂げました。

▶ **This is a significant achievement.**
意義あることを成し遂げました。

 ほかの使い方 ☞ **significance** n [シグニフィカンス] 意義、重大さ、深刻さ

We failed to realize the significance of the event.
その出来事の**重要性（深刻さ）**に気づくことができなかった。

DEVELOP

［ディヴェロップ］ **V** 開発する

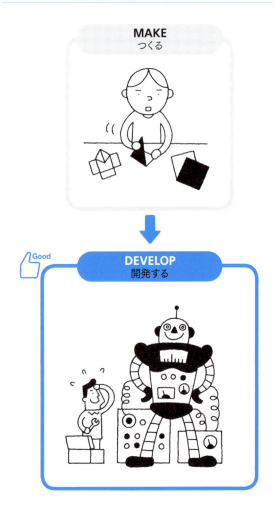

「つくる」を表現する make は便利な単語ですが、「つくり上げる」を表現したいなら「(プログラムやシステムなど) 難しいものを開発する」ニュアンスのある develop がいいですね。develop a system のほかにも、develop a plan (計画を立てる)、develop a program (プログラムを開発する) などに使うのがよいでしょう。

⚠ We have to make a new rating system.
新しい評価システムを**つくら**なければならない。

→「make＝つくる」は、初心者の表現。デキるビジネスパーソンなら「つくり上げる」雰囲気を出したいところです。

Good
We have to develop a new rating system.
新しい評価システムを**開発**しなければならない。

→ただの「つくる」よりも「つくり上げる」雰囲気が伝わります。

例文

▶ We **developed** a new plan to sell the product.
私たちはその製品を販売する新しい計画を**立てました**。

▶ We will **develop** a system to respond to new challenges even more effectively.
新たな課題に、より効果的に対処するシステムを**開発します**。

ほかの使い方 ☞ **development**　　**n** [ディヴェロップメント] 発展

We are working on team development this year.
今年我々はチーム・**ディベロップメント**（組織力**向上**）に取り組んでいます。

PERSPECTIVE

[パスペクティヴ] n 視点、観点

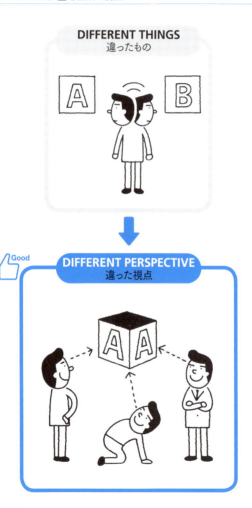

いつも同じところからしか物事を見られないのはビジネスパーソンとして経験が足りないのか、思考が凝り固まって頑固なのか……。ときには違った視点や角度を取り入れると新しいアイデアが浮かぶこともあるでしょう。「見地や観点、視点」を表すときに使えるようになりたい頻出単語です。

⚠ You have to see different things.
違ったものを見ないといけない。

→「違ったものを見る」では、いろいろなものを見ることを意味してしまいます。次の例文では「同じものを異なる角度、視点から見る」ということを表現している点に注意して読んでみましょう。

You have to train yourself to see situations from a different perspective.
出来事を違った視点から見る訓練をしないといけない。

→ ビジネスパーソンらしい知的な言い回しです。

例文

▶ **He looks at the company from a strategic perspective.**
彼は戦略的観点から会社を見ている。

▶ **The device needs further improvement from a safety perspective.**
そのデバイス（装置）は安全の点から考えて、さらなる改善が必要だ。

🔖 ほかの使い方 ☞ **from my perspective**
　　　　　（慣用句）私が思うに、私が見たところ、私の見地では

From my perspective, there is no problem with the analysis.
私の見たところ、この分析に問題はありません。

OVERVIEW

2-10

[オゥヴァーヴュウ] **n** 概要、概況

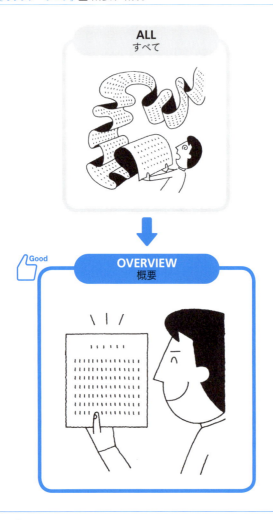

全体像、概況あるいは要約といった意味の単語です。ビジネスで全体像をまず把握したい際や伝えたい際に頻出します。特にプレゼンテーションの冒頭で全体像の説明をする際には、必ず使われると言っても過言ではないでしょう。

This is all about the project.
これがプロジェクトに関する**全部**です。

→ このような表現では、日本語訳を見ても意味がわかりませんね。

Good

First, let me talk about the overview of the project.
まずはプロジェクトの**概要**からお話しさせてください。

→ 「概要」という言葉を使うことで、ぐっとプロフェッショナルな印象を与えられます。

例文

▶ **Here's an overview of some changes.**
いくつかの変更点の**概要**です。

▶ **Let me go over the overview of this presentation.**
このプレゼンテーションの**概要**をお話しさせてください。

MILESTONE

[マイルストーン] n 節目、重要な時点

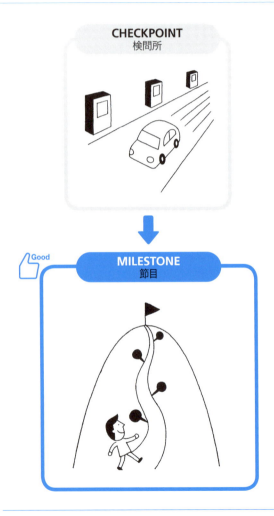

もともと checkpoint は「検問所」という意味であり、日本語で確認事項などを指す「チェックポイント」は、実は和製英語なのです。ビジネスにおいて、目標に到達するまでの過程の道しるべとなるような節目は milestone で表現しましょう。外資系企業にお勤めの方はすでに仕事の場面で、日本語で「マイルストーン」と表現している方も多いかもしれませんね。

⚠️ **We've reached a critical checkpoint.**
重要な**検問所（チェックポイント）**にきました。

Good

We've reached a critical milestone.
重要な**節目**を迎えました。

例文

▶ **What are the milestones for this project?**
このプロジェクトの**マイルストーン（節目）**は何になりますか。

▶ **Reaching 100,000 users is an important milestone.**
10万ユーザーに到達することは重要な**マイルストーン（節目）**です。

SYSTEM

[システム] **n** 仕組み、組織、制度

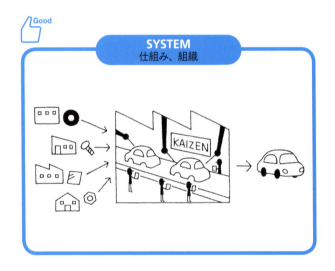

さまざまなパーツが組み込まれ、組織化されている状態を示す単語のため、「システム」というとコンピュータ用語だと捉えられがちですが、ビジネス全般に使われる重要単語です。ビジネス自体がヒト・モノ・カネなどの資源の組み合わせだと考えればうなずけることでしょう。企業の組織もある種のsystemだと言えるのです。

Good

The current system is too complicated.
現状の**システム（やり方、制度）**は複雑すぎます。

例文

▶ **She created a new system to detect bugs.**
彼女はバグを検知する新しい**システム**をつくりました。

ほかの使い方 ☞ systematic
adj [システマティック] システマチックな、系統立った

We need to build a systematic approach to this issue.
この問題には**システマチックな（系統立った）**アプローチが必要だ。

☞ systematize
v [システマタイズ] 系統立てる、組織化する、システム化する

This software systematizes the data and enters it into a spreadsheet.
このソフトウェアはデータを**系統立てて（システム化して）**スプレッドシートに入力します。

2-13 OPERATION

[オペレイション] **n** 業務、事業、運営、運転、稼働

複数のパーツからなる機材を作動させたり、人数の多い組織を運営したり、それぞれの機能や資源がしっかりと役割を果たしながら稼働していることを表せるのが operation。ただの「活動」よりも重みがあり、ビジネスでは汎用性の高い単語です。

We need to analyze the current activities.
現状の活動を分析しないといけない。

→ 間違ってはいませんが、「活動」がそれぞれバラバラなものとも捉えられますし、受け取り手によっては軽い活動という印象を持たれてしまうかもしれません。

Good
We need to analyze the current operations.
現状のオペレーション（業務）の分析をしないといけない。

→ それぞれの作業がつながってフローのある一連の業務を連想させるプロフェッショナルらしい言い回しです。

例文

▶ **How would you streamline our operations?**
あなただったらどのように業務を効率化させますか。

▶ **The new machine is in operation at full capacity.**
新しい機械はフル稼働しています。

 ほかの使い方 ☞ **operate**　　**Ⅴ** [オペレィト] 稼働する、運営する

We operate 10 factories in Asia.
我々はアジアで10工場を経営している。

COO = Chief Operating Officer　　最高（業務）執行責任者
日々の業務の執行、事業の運営についての責任を負う人、という意味です。ちなみにCEO = Chief Executive Officer は最高経営責任者。会社全体の経営方針や企業戦略の決定を行う人です。CEOの下した判断に沿って業務を遂行するのがCOOともいえますね。

PROMOTE

[プロモート] **V** 推進する、促進する、昇進させる

MAKE＋人＋V
人に〜させる

PROMOTE
推進する、促進する

promoteの語源は「前へ動かす」。ビジネスでは常に前傾姿勢をアピールしたいものですね。派生語には、販売促進や昇進を意味するpromotionがあります。

✗ This campaign will make people understand.
このキャンペーンで人々は**理解するだろう**。

→何を理解されるのかが不明瞭。不完全な文章です。

Good

This campaign will promote a better understanding.
このキャンペーンでは**より深い理解を得るだろう**。

→より深い理解を推進する、というニュアンスが伝わります。

例文

▶ **We'll promote this product through in-store campaigns.**
この商品は店内キャンペーンを通して**推していきます**。

▶ **This deregulation will promote more competition.**
この規制緩和によって競争が**促される**。

ほかの使い方 ☞ **promote**　　　**v**[プロモート]昇進させる

She got promoted yesterday.
彼女は昨日**昇進した**。

☞ **sales promotion**　　**n**[セールス・プロモーション]販売促進

We were discussing the sales promotion plan for next year.
我々は来年の**販売促進**案を議論していました。

2-15 ORGANIZE

[オーガナイズ] **v** 企画する、きちんとまとめる、組織化する

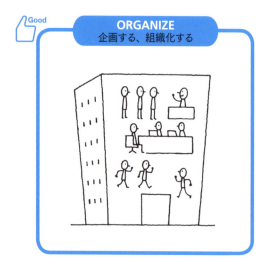

物事を企画したり、整理したり、組織化したりとさまざまな状況について表現するときに活躍するのが organize という単語です。物事を「do 〜、〜する」とばかり表現していてはもったいない。組織を運営していくにあたってのキーワードといえるでしょう。

> **Good**
>
> **We organized an off-site meeting in Kobe.**
> 神戸でオフサイト・ミーティングを**企画した**。

例文

▶ **You need to learn to organize your thoughts better.**
考えをもっときちんと**まとめる**方法を身につけないといけないよ。

▶ **He organized a team to handle social media accounts.**
彼はソーシャルメディアを担当するチームを**結成した**。

ほかの使い方 ☞ **organization**　**n**［オーガナイゼィション］組織、団体

語源がorganic（オーガニックの、有機的な）と同じくしていることからもわかるように、人と人とが有機的につながっている組織をイメージさせます。自分の会社のことをcompany（会社）と言っている人はときにはorganization を使って全体がつながってうまく機能している組織であることをアピールしてみましょう。

SPECIFIC

[スペシフィック] adj 具体的な

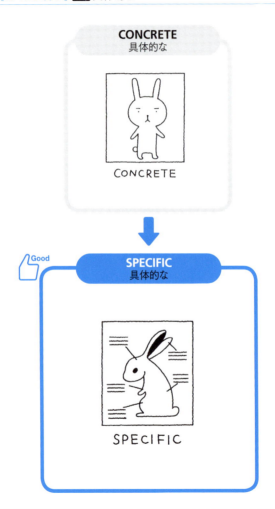

ビジネスであいまいな表現は嫌われます。ですから具体的であることはとても大切です。「具体的」を表現しようと思って和英辞書を引いても出てくるのは concrete。ですが、長年のビジネス英語の現場経験から、ニュアンスがより近いのは specific だと実感しています。

⚠ Could you be more concrete?
具体的になってもらえますか。

→ 和英辞書で「具体的な」と引くと必ず出てきますが、少しニュアンスが違います。

Good

Could you be more specific?
もっと**具体的に**おっしゃっていただけますか。

→より自然な言い回しです。

例文

▶ **I'd like to explain the specific qualities of this service.**
このサービスの**特質**について説明させていただきます。

▶ **I'm afraid I can't mention any specific names.**
申し訳ございませんが、**具体的な**氏名はお答えできません。

APPLY

[アプライ] **V** 適用する

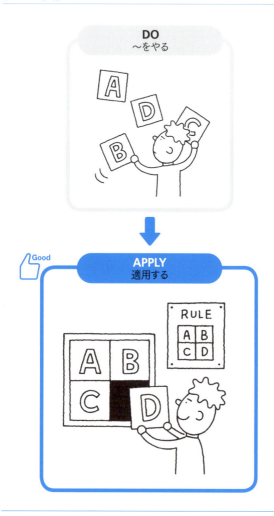

ビジネスシーンにおいてはただ単に「やる」では漠然としています。法律や方針、ルールといったものを適用したり、応用したりするときに使われるのが apply。ビジネスでは手順や規則を適用する際に頻出です。

✗ Let's do the new rules from April.
4月から新しい規則を**やろう**。

→ ruleは「やる」ものではありません。導入したり、適用したりするものです!

Good
Let's apply the new rules from April.
4月から新しい規則を**導入しよう**。

→新しい規則が根付いていく様子が目に浮かぶようです。

例文

▶ **This coupon does not apply to prior purchases.**
このクーポンは、以前に購入された商品には**ご利用**いただけません。

ほかの使い方 ☞ application **n** [アプリケーション] 申込書、アプリ

I sent the application last week.
私は先週、**願書**を出しました。

This is the new mobile app I was talking about.
こちらが、私が話していた新しい**アプリ**です。

→スマートホンなどの「アプリ」、もとの英語はmobile application です。実際のビジネスシーンでは省略してapp (アップ) と言うことが多いです。

MONITOR

[モニター] **V** チェックする、監視する、モニターする

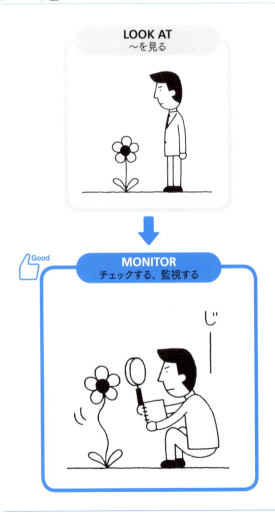

ビジネスでは経過や進歩状況の確認が大切ですよね。といっても、経過を見る＝look at、確認する＝confirm と直訳するのは不自然。実際に時間の経過にともなって観察していることを表現するには、monitor が最も的を射た単語なのです。

The manager **looks at** the progress of the work.
マネジャーは仕事の進捗を**見る**。

→視覚的にざっと見るだけと捉えられます。

Good

The manager monitors the progress of the work.
マネジャーは仕事の進捗を**チェックする（確認する）**。

→時間を追って定期的にきちんと確認しているという印象を与えられます。

例文

▶ We monitored consumer behavior at the drug store.
我々はドラッグストアでの消費者行動を**観察した**。

▶ We'll be able to monitor and evaluate the progress more closely.
もっと詳細に進捗を**チェックして**評価することができるようになります。

column
シミュレーションと実践練習で
スピーキング・スキルが大幅アップ！

せっかく英語という言葉を学んでいるのだから、話せるようになりたいし、実際にいろいろな人と話したい！そう思いませんか。
最近のビジネス英語学習の現場を見ていると、TOEICに代表されるテストの点数向上や、英文メールライティング偏重の傾向があるように思えて、なんとなく残念な気持ちになります。統一テストの点を上げることも大切です。そして、日本に限らず、どこの仕事の現場もメールやメッセージングアプリが多用され、実際にオフィスでさえも人と話さずに一日が終わってしまう、なんていうことも増えています。

とは言っても、通信環境の変化によってテレビ会議や電話会議なども多くなってきているため、説得力あるスピーキング・スキルが求められているのも現実です。
スピーキングこそ、「点数」が求められていたテスト勉強から意識を切り替えて、**多少文法や単語が間違っていても、一番伝えたい核の部分を伝えられることを目的としましょう。**

そのための最良の練習方法は、本書に掲載された単語がぱっと出てくるようにするため声に出して例文を読むことです。まずはそこから始めてみてください。

皆さんに最初にお伝えしておきたいスピーキングの鉄則はこの2つです。

1 大きな声で話す
2 ゆっくりはっきり話す

実はスピーキングが苦手という人の大半が、残念なことに「小さな声で」「早口で」話してしまっています。身に覚えはありませんか。これでは英語が通じる・通じない以前の問題で、相手に「聞こえていない」という可能性があります。聞こえていないときに相手に「ハン？」と聞き返されるあの感じ、ちょっとひるみますよね。でも大概の場合は、あなたの英語が間違っているから聞き返されているのではないのです。声が小さいだけなのです。ひるまずに、今度は大きめの声で話を続けましょう。

スピーキングで大切なのはシミュレーションです。自己紹介でも、英語の会議でも何が起こるかを想定して、そのときに話したいであろうことを事前にある程度シミュレーションしてつくっておくのです。実は私は、友達との食事の会話もシミュレーションしていっています。実際はあまりその内容に話が及ばなかったりして披露する機会が必ずしもあるわけではないですが、英語の会話文を考えたということ自体、も英語学習の一環です。

●英語での自己紹介のコツ

たとえば英語での自己紹介。初対面の相手であれば、まずは **Nice to meet you. I'm Jin.** はじめまして。ジンです。
このひと言とともに、笑顔で相手の目を見ながら、握手の右手を差し出す一連の動作ができるといいですね。これは **Hello, I'm Jin. Nice to meet you.**
という順番でもかまいません。

続いて仕事での役割や、相手に対してひと言付け加えられるとその後の会話がスムースに運ぶような、良い第一印象を残せます。たとえば、次のように。

I'm a business development manager at T Corporation. I work with Shota.
T社の事業開発のマネージャーです。ショウタと一緒に仕事しています（同じ部署です）。
I heard that you're working on an interesting project.
興味深いプロジェクトをされていると聞きましたよ。

基本レベルの英文ですが、これをすらすら笑顔で言えるように何度も繰り返しておきましょう。実際に初めての人に会うときは緊張します。英語となれば想像以上に緊張してしまうこともあるのです。そんなときでも自己紹介の一連の流れまでを声に出して練習しておくと、自信を持ってミーティングに出向いていけますね。

シミュレーションの際に役に立つ動画集をご紹介します。

Hapa 英会話

http://hapaeikaiwa.com/category/movie-column/

日米ハーフの Jun さんを中心に、英語の実践的な言い回しを配信しているチャンネルです。「I'm sorry. 以外の謝り方」といった興味深い回があったり、体験型レッスンといって実際にアメリカ人に How are you? と話しかけてどのような反応があったかなどをまとめたりと、身近な英語でフレーズを取り上げて解説しています。

●英語の会議での心構え

もうひとつシミュレーションしてのぞみたいのが、英語で行われる会議です。いくら準備していっても、いざ始まってしまえば会議の参加者はどんどん早口になっていくし、流れについていくのがやっと……という人はいませんか。

何も発言しないで終わったけど、まぁいいかとは思ってはいけません！

英語の会議では、「必ず一度は発言する」と心に決めてください。海外の人からしてみれば、会議で発言しないのは参加していないも同然。また「あの人は静かな人だから」あるいは「きっと何も言ってこないよ」と軽く見られてしまっては損をします。一度発言するために候補の言葉のシミュレーションを2つ、3つ準備した上で、会議にのぞむ心構えをお伝えします。

まずは、心構え１「流れは読まない」こと。会話についていこうとするから発言できなくなります。会議のテーマは前もってわかっているのですから、まずは用意してきた自分の意見を言いましょう。実際、話の流れや周囲との調和を重要視する日本人とは違い、海外のビジネスシーンでは会議の空気のことを気にしている人はあまりいないのです。賛成意見でも、うなずくだけではなく、しっかりと賛成の意図を言葉で伝える。懸念や反対意見がある場合は、敵対的な態度にならないよう配慮しながらも、しっかりと意見を表明するようにしましょう。

心構え２は「発言は２番目か３番目までにする」です。会議中に一度は発言すると心に決めたからには、早めに発言しておきましょう――同じ意見を誰かに言われる前に。とはいえ、トップバッターで発言するのはかなり勇気がいるので、２番目か３番目に発言する心づもりで十分です。

そして、女性にお伝えしたいことが１つ。話す際は「低い声」を心がけてください。私自身が感じていることですが、東アジア系の顔立ちはただでさえ実際の年齢やキャリアよりも若く（幼く）見えています。それに加えて高い声で話すと「子どもっぽい・頼りない」というイメージを与えてしまい、ビジネス上信頼を勝ち取るのが難しくなってしまいます。日本では「かわいい」ことは良しとされることもあるかもしれませんが、一般的に海外のビジネスシーンでは精神的にもビジネス経験も成熟していることが求められます。

ビジネスをしっかりと前進させていくためにも、ふだん日本語を話すときよりは低い声で、堂々とふるまいましょう。

●**英会話学校やオンライン英会話とのつきあい方**
ではスピーキング練習、つまりアウトプット練習について。身近にネイティブスピーカーがいる、海外とのやりとりがひんぱんにあるという人はその機会を活用すればいいのですが、そのような機会はほとんどないという人も多いと思います。では、どうするか。

もっとも一般的なのが英会話学校です。ですが、英会話学校に通う際は「教わろう」と思ってはいけません。え？英会話を教えてくれる学校なのに？と思いますよね。英語表現や発音のディテールは教えてもらうのですが、**「何を教えてもらうか」「何を学ぶか」は受講者のほうが主体的に考えていくべきだと私は思います。**

講師にお任せ、という受け身の姿勢でいると、週末に何をしたかとか自己紹介とかといった限定的なテーマの英会話表現からなかなか進んでいきません。
講師が考えた内容に沿った授業であなたのニーズにぴったりと合っていれば問題ありませんが、そうであっても今日は何を特に学びたいか、何が言えるようになりたいか、シミュレーションを必ず行ってください。電話会議の進行役をうまくできるように練習したい、クレームの対応表現を学びたい、といった勉強したいテーマを講師に伝えましょう。

また、英語学習の上で疑問に思ったことや、あるトピックについてのアメリカ人やイギリス人の視点など、知りたいことを準備してレッスンにのぞむのもいいですね。忙しいビジネスパーソンが貴重な時間とお金をつかって通うわけですから、コストパフォーマンスの高い方法で受講しましょう。

また手軽に、いつでもどこでも英会話の練習ができるのがオンライン英会話。**なんといっても、通学型の英会話学校と比較すると一般的に低料金なのが魅力です。**最近ではスカイプを使ったサービスから、アプリで完結するサービスまでさまざまなものがあります。それぞれ無料体験もできるところが多いので、まずはいきなり回線がつながって外国人と話す感覚に慣れるためにも活用してみましょう。

レアジョブ　https://www.rarejob.com/
DMM英会話　http://eikaiwa.dmm.com

どちらも教材やカリキュラムが整った、スカイプを活用したオンライン英会話。やさしく話しやすいフィリピン人の講師が多く、オンライン英会話を始めるにはいいでしょう。オンライン英会話でも大切になってくる「シミュレーション」ですが、その点ではDMM英会話のウェブサイトに用語集があります。
また、『**オンライン英会話 すぐに使えるフレーズ800**』（DHC）にはオンライン英会話レッスンでひんぱんに使われ

る英語フレーズがまとめてあるので、そばに置いて受講すると心のよりどころになりそうです。

Cambly（キャンブリー）
OKpanda ライブ英会話

スカイプを使わず、独自のテクノロジーを使ったスマホ英会話（キャンブリーの場合はウェブ受講も可能）サービスの例。テクノロジーの進歩とともに、英語学習もどんどん手軽になってきているのが実感できるサービスです。

キャンブリーはサンフランシスコ発祥ということもあり、ある投資家を通して知り合い、日本市場についてアドバイスをしたことがあります。このサービスは全世界向けで、日本市場はまだ開発途中とのこと。実際にサービスについてのアドバイスもしてほしい、と言われたのでときどきキャンブリー上で私が講師として英会話のレッスンをすることもあります。私としては、日本以外の英語学習者の状況も知ることができてなかなか興味深いです。

たとえば、中東や南米の学習者はとにかく本で習った英語を実際に人に対して話してみたい！という熱意が高く、片言でも気にせず自分のことや家族のことをがんがん話してくる印象です。また質問もたくさんされます。日本の皆さんも遠慮せずにどんどん英語を発してほしいな、と思わずにはいられません！

このサービスは指先のタップひとつで24時間いつでもどこでもつながってネイティブスピーカーと英会話練習ができるのが便利です。
とは言っても本当にたった数秒でアメリカにいる人などにつながるので、最初は英会話をしたいとはいえ、びっくりしてしまって、あわてて切ってしまうユーザーもあるようです。そういう意味では、初心者には少しハードルが高いかもしれません。中級以上の人が、会話パートナーを探すようなつもりで、受講してみるといいでしょう。

OKpandaライブ英会話も以前創業メンバーを紹介されて、英語学習に対する熱い気持ちのプレゼンを受けました。カリキュラムや講師選定を念入りにしている印象です。OKpandaからはほかにもアプリが出ているので発音練習やフレーズ練習にも活用するといいでしょう。

スピーキングでは、細かい発音や文法にとらわれずに、自分の気持ちや意見を伝えることを主眼におきましょう。
そして残念ながら、一度や二度話しただけでは英語は話せるようにはならないことを現実としてとらえましょう。スポーツジムに通ってトレーニングをする感覚で、気長に続けること。その続ける過程を楽しんで、話す練習・トレーニングを重ねることが大切です。

「勉強」と構えてしまわずに、日本語で同僚や取引先と話すように、知り合いとちょっとした息抜きの会話をするように

英語で話せるようになることを目標に、英語のスピーキングもがんばっていきましょう。

PART

3

1語で評価がぐっと上がる、オフィシャル英単語

スマートな印象を与えたい、オフィシャルな感じを打ち出したいときに活躍する単語を集めました。ここぞというときの勝負プレゼンや専門家とのミーティングで使うと、一目置かれること間違いなし。相手からの評価がぐっと上がりますよ！

英語で話せるようになることを目標に、英語のスピーキングもがんばっていきましょう。

PART

3

1語で評価がぐっと上がる、オフィシャル英単語

スマートな印象を与えたい、オフィシャルな感じを打ち出したいときに活躍する単語を集めました。ここぞというときの勝負プレゼンや専門家とのミーティングで使うと、一目置かれること間違いなし。相手からの評価がぐっと上がりますよ!

- **3-1** ANNOUNCE
- **3-2** POTENTIAL
- **3-3** EXPERTISE
- **3-4** EXECUTE
- **3-5** DELEGATE
- **3-6** ALTERNATIVE
- **3-7** ENABLE
- **3-8** ILLUSTRATION
- **3-9** FIGURE
- **3-10** FACILITATE
- **3-11** BENCHMARK
- **3-12** ASSUME

ANNOUNCE

[アナウンス] **V** 公表する、発表する、告知する

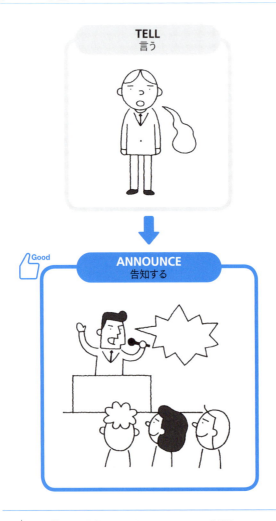

ビジネスでは、新製品やサービス、プロジェクトなどの発表が多くあります。それらを伝える際に tell や say で済ませていてはもったいない。「公に伝える」というニュアンスのある announce を使って、聞き手の関心をひきつけましょう。

We tell you there are two new services.
新しいサービスが二つあるということを**言っているんだ**。

→「言ってやっている」といわんばかりの、こちらから一方的に話している印象を与えます。

Good

We are happy to announce the launch of two innovative services.
二つの革新的なサービスについて**お知らせできる**ことをうれしく思います。

→「公式に発表する」ということがひと言で言い表せ、シャープな印象を与えます。

例文

▶ **They announced that the new factory in Thailand has started operations.**
タイの新工場が稼働し始めたことを彼らは**発表した**。

ほかの使い方 ☞ announcement　　**n** [アナウンスメント] 発表

The announcement of their double-digit growth boosted the stock price.
2ケタ成長の**発表**によって、その会社の株価は急上昇した。

さらにもう一歩!

日本では、テレビで司会やアナウンスをする人を「アナウンサー」といいますが、英語ではあまりannouncerと聞くことはありません。ニュース報道であればnewscaster、報道に限らずテレビやラジオのアナウンサーはreporter、番組や宴会などの総合司会や進行担当者であればMC (master of ceremonies)などと表現することが多いです。

POTENTIAL

3-2

[ポテンシャル] **n** ポテンシャル、潜在能力

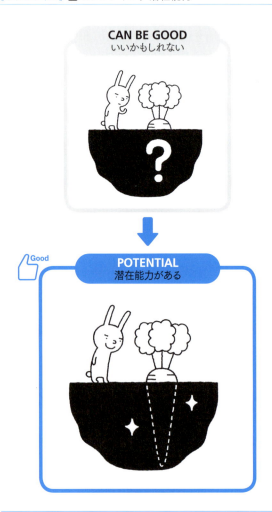

具体的にどの部分と言い表す前に、まずは商品やサービス、あるいは人材に期待していることを伝えると話し相手の興味をそそることができますよね。ここで押さえておきたいのがpotential。こちらの話に相手を引き込みたいポイントで使ってみましょう。

This technology can be really good.
この技術は結構いいかもしれません。

→どのようにいいのか根拠もあいまいで、いい加減な印象です。

Good
We find great potential in this technology.
この技術には大きな**潜在能力**を感じています。

→潜在能力に期待していることが伝わります。

例文

▶ **This young man seems to have enormous potential.**
この若者には底知れぬ**潜在能力**があるようだ。

▶ **Recyclable energy is an industry that still has the potential for growth.**
再生可能エネルギーの業界はまだ成長する**可能性**がある。

 ほかの使い方 ☞ potential　　**adj** [ポテンシャル] 潜在的な

The potential impact of this deal on the industry is tremendous.
今回の取引が業界に与える**潜在的**影響は極めて大きい。

Before attempting to persuade a potential customer, a good salesperson will listen carefully to their needs.
良いセールスパーソンであれば**潜在**顧客に物を売りつける前に、相手のニーズをよく聞くでしょう。

EXPERTISE

[エクスパティーズ] **n** 専門知識、専門技術、専門家としての知識

「得意である」と表現する際に、いつも be good at 〜 を使っていませんか。この expertise（専門知識、専門技術）を使えば簡潔に、プロフェッショナルらしさを表現できます。もともとの語源は「経験」を指す experience と同じ。そう覚えてしまえば、得意なことや専門分野について使えますね。

He is good at marketing.
彼はマーケティングが**得意だ**。

Good
He has expertise in marketing.
彼はマーケティングに**長けている**。

例文

▶ **Most of the people in the department have expertise in law.**
その部署のほとんどの人は**専門的な**法律の**知識がある**。

What is your area of expertise?
あなたの**専門分野**は何ですか。

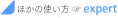
ほかの使い方 ☞ expert
n [エクスパート] 熟練した人、専門家、権威、エキスパート

She is an expert in law.
彼女は法律の**専門家**だ。

3-4 EXECUTE

[エクセキュート] **v** 実行する、遂行する

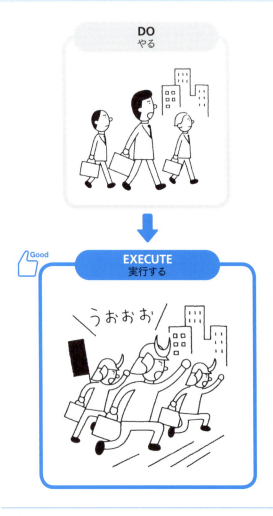

何かを「行う」と表現したいとき便利だからと do で表現してしまいがちです。それだと、ときには英語として間違っていたり、子どもっぽく聞こえてしまったりするのです。計画されたことを実行に移す際などによく使われる execute を押さえて、言葉に重みを与えましょう。

❌ We will do the plan.
今計画をやります。

→計画を実行に移す際、doは使いません。

Good

✅ We will execute the plan immediately.
すぐに計画を**実行します**。

→計画を実行し、最後までやりぬく印象を与えます。

例文

▶ **The company executed the strategic plan announced last year.**
会社は昨年発表した戦略を**実行した**。

▶ **This strategy will be executed from Monday.**
この戦略は月曜日から**実行される**。

ほかの使い方 ☞ **executive**　　　　　n [エグゼクティブ] 幹部、経営者層

We gathered all the executives in the company.
我々は会社の**経営陣**を全員集めた。

　☞ **execution**　　　　　　　　　　　n [エクセキューション] 実行

The execution went very well.
実際にとてもうまくいった。

119

3-5 DELEGATE

[デリゲイト] **V** 委任する

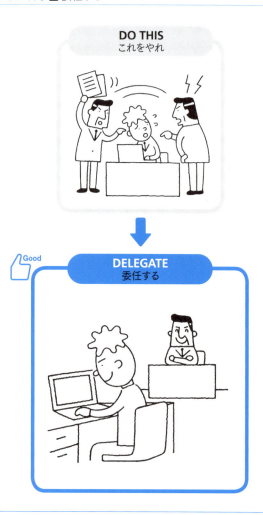

海外のビジネスシーンではひんぱんに使われる単語なので、辞書を引かれた経験のある方も多いのではないでしょうか。実は私も英和辞書を引いて、最初に名詞の「代理人、代表者、使節」などと出てくるので、何のことだか混乱してしまった一人です。ビジネスで多く使用されるのは動詞の「委任する」です。要は仕事をほかの人に任せる際に使われる、と覚えておくといいですね。

△ Do this, please.
これやって。

→「これをやれ」と一方的に仕事を渡されては、渡された方はたまったものではありません。

Good

I will delegate this project to you.
このプロジェクトはあなたに任せます。

→委任すると表現されれば、言われた方も自分なりのやり方を考えようという気持ちが起こります。

例文

▶ **I have to learn to delegate my work.**
私は仕事をほかの人に委任することを覚えなければ……。

▶ **He delegates details to his subordinates.**
彼は詳細を部下に任せている。

▶ **She delegates her routine tasks to her assistant so that she can focus on her project.**
彼女はプロジェクトに集中するために、アシスタントに日常業務を任せている。

ALTERNATIVE

[オルターナティヴ] adj 代替の

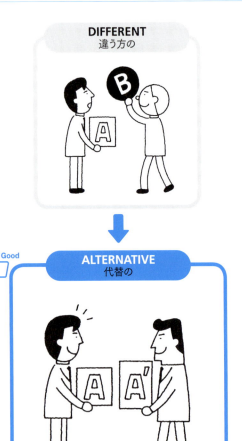

前後関係を考えていないような表現を使っていては、ビジネスでは信用されません。「違う」ことを提案しているかのような different ではなく、「代替の」に相当する alternative を使うだけで、ビジネスの可能性が柔軟に広がっていくような印象を与えることができるのです。

We have different plans.
違う計画があります。

→まったく違う計画の話をし始める可能性も含んでいるので、相手が構えてしまいます。

Good
We have several alternative plans.
いくつかの**代替**案があります。

→代替案があることをスマートに切り出しています。

例文

▶ **I'd like to propose an alternative plan for promoting our new product.**
新製品の販売促進のために、**代替**案を出したいと思います。

ほかの使い方 ☞ alternative　　　　　　　n [オルターナティヴ] 選択肢

What's the alternative?
もうひとつの**選択肢**は何ですか。

I think there are two alternatives.
代替の**選択肢**が2つあると思います。

ENABLE

[イネイブル] **V** 可能にする

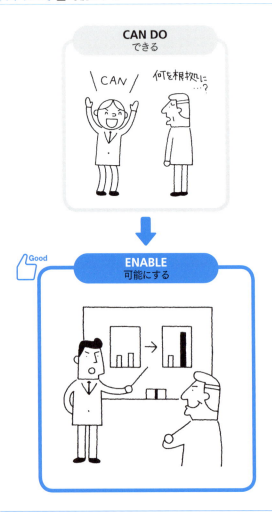

不確定要素の多いビジネスの世界で、むやみに「できます」と言ってしまうのは、状況によっては考えものです。でも、ポジティブな可能性は大いに語りたい！というときに使うのが enable。「〜が可能になる」と前向きに言い表すことができます。

✗ This new service can make us 15% more market share.
この新しいサービスでマーケットシェアを15％アップ**できる**。

→将来のことがあたかも確実なように受け取られてしまいますが、ビジネスでは先のことを確定したかのように言うのはあまりおすすめできません。

Good

This new service will enable us to gain 15% more market share.
この新しいサービスは、マーケットシェアの15％アップを**可能にする**だろう。

→可能性を説いていて、ビジネスに適した表現です。

例文

▶ **The Internet has enabled us to purchase from people and companies from all over the world at home.**
インターネットのおかげで家にいながらにして世界中の人や企業から物を購入することが**可能となった**。

3-8 ILLUSTRATION

[イラストレィション] **n** 事例、説明、例証

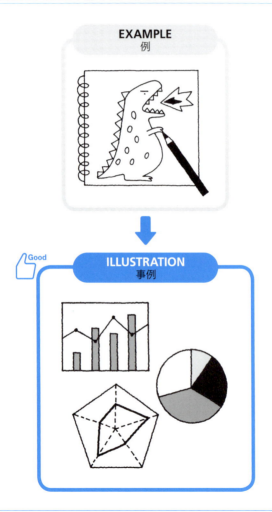

日本語では「イラスト」「イラストレーション」というと挿絵のことだけになってしまいますが、実は英語では広くビジネスにも使える単語です。「例」を指す場合 example だけではなくて、illustration を使うと文章に抑揚が出て、ぐっと印象がアップします。

This is an example.
これは**例**です。

→「例」と言いたいときにexampleばかり使う方が多いです。

Good

This is a classic illustration of how an economic bubble can be created.
経済においてバブルが形成される典型的な**例**です。

→exampleより洗練された表現です。

例文

▶ **The initial illustration was given in May.**
初期**説明**は5月に行われた。

▶ **The graphic illustration made it easier for me to understand the concept.**
図解があったおかげで、コンセプトが理解しやすくなりました。

 ほかの使い方 ☞ illustrate　**V**[イラストレイト] 説明する、例証する

He illustrated his research results to the audience.
彼は聴衆に研究結果を**説明した**。

He quickly illustrated some points about how the stock price is rising.
彼は株価がいかに上昇しているかをかいつまんで**説明した**。

FIGURE

[フィギュア] **V** 思う、思い描く、推測する

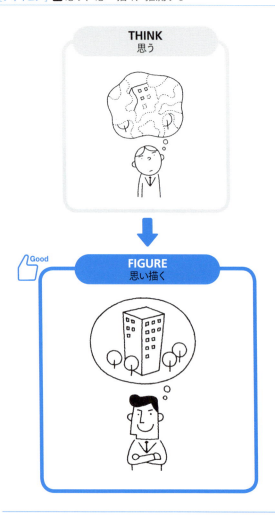

ただ「なんとなく思う」のではなく、物事によっては深く考えていたり、明確に思い描いたりしている場合にすべてthinkで表現するのは適切でないこともあります。「絵や図が思い浮かぶような思い描き方」をしている場合はfigureを使って、自分の思いの明確さをアピールしましょう。

I thought it would be like this.
私もこうなると**思い**ましたよ。

→「思う」の度合いが、かなり漠然としています。

Good
I figured it would be like this.
私もこうなると**思い（推測してい）**ましたよ。

→「〜と想像する、推測する」というニュアンスが伝わり、もっと具体的に想定していた印象を与えられます。

例文

▶ **I figured that if I come in at 7 am every morning, I might have some time for myself.**
毎朝7時に来たら、自分だけの時間が取れるかと**思いました（推測しました）**。

▶ **What do you figure will happen?**
どうなると**思い**ますか。

 ほかの使い方 ☞ figure out　**v** [フィギュア・アウト] 〜であるとわかる

It took me three days to figure out the issue.
問題の状況が**わかる**まで三日かかりました。

☞ figure　**n** [フィギュア] 数字

It is estimated that the figures will improve by 20% by the end of next year.
来年の終わりには**数字**が20％改善すると予測されています。

FACILITATE

3-10

[ファシリテイト] **V** ファシリテートする、議事を進行する

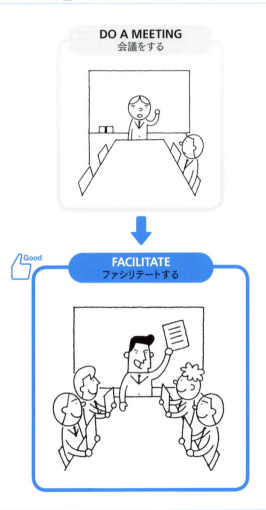

欧米では会議の進め方に一定のルールがあります。会議を開催したオーナー、進行役のファシリテーター、そして会議の目的、得たい結果、これらをはっきりさせてから始めます。よって facilitate はビジネスミーティングでは必ず出てくる単語です。

He did the meeting well.
彼はうまく**会議をやった**。

→ 彼ひとりで会議を行ったような、おかしな印象を与えます。

Good

He did well in facilitating the meeting.
彼は会議を**うまく進行させた**（会議の**ファシリテーションを行った**）。

→彼が会議の進行役をうまく務められたことが一文でわかります。

例文

▶ **She was very good at facilitating discussions between the two groups.**
彼女は、その2グループ間の話し合いをとても**うまく進めた**。

ほかの使い方 ☞ facilitation
n [ファシリテイション] ファシリテーション、（会議の）進行

She has great facilitation skills.
彼女には素晴らしい**ファシリテーション**スキルがある（**議事を円滑に進める**スキルがある）。

☞ facilitator **n** [ファシリテイター] ファシリテーター、（会議の）進行役

She is a great facilitator.
彼女は素晴らしい**ファシリテーター**だ。

BENCHMARK

[ベンチマーク] **n** ベンチマーク、(他と比較する) 基準、標準

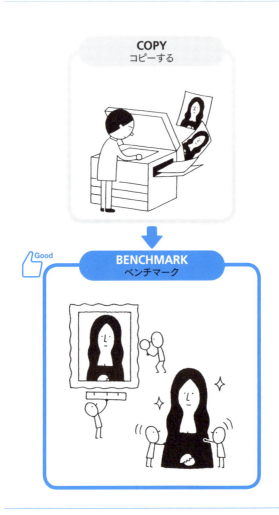

さまざまな競合製品で市場があふれているとき、何かを軸に自社製品を評価分析しますよね。ただ単にまねるのではなく、対象を参考にして改良し、さらに発展させていく、元となる基準を超えていく。そんなニュアンスを出したいときに役立つ、洗練された印象を相手に与えるビジネス用語です。

⚠ Let's copy what KL Software is doing.
KLソフトウェアがやっていることを**コピーしよう**。

→ダメダメ！ 成功しているモデルをまねたい、その成功の秘訣を盗みたいと思っても「コピーしろ」と言われたらビジネス感覚を疑われてしまいかねません！

Good

Let's use KL Software as a performance benchmark.
KLソフトウェアを、性能の**ベンチマーク**として使おう。

→（性能などの）ある基準として、いろいろな製品を分析したいときはこのように表現するとぐっと洗練された印象になります。

例文

▶ **The new product became a benchmark for speed.**
新しい製品は速さ（スピード）の**ベンチマーク**となりました。

▶ **The current price may become the industry benchmark.**
現在の価格が業界の**ベンチマーク**になるかもしれません。

🔖 ほかの使い方 ☞ benchmark　［ベンチマーク］**V** 基準に従って評価する

We are benchmarking our performance against several industry criteria.
パフォーマンス（性能）については、複数の業界基準に**照らし合わせて評価**しています。

ASSUME

[アシューム] **V** 〜と仮定する、〜と思う、想定する

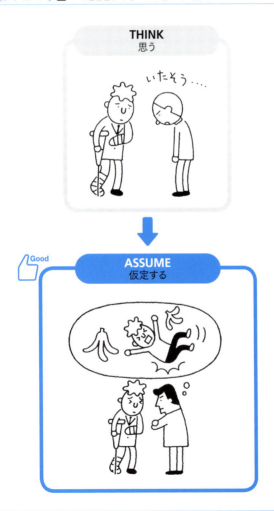

自分の思っていることや考えをなんとなく漠然と伝えていては、ビジネスでは損をしかねません！ assume には「仮定する、想定する」という意味があります。自分の思っていることは「仮説」として語り、仮説から話を組み立てていくと、論理的な人物だという印象を与えられます。

△ I think you know.
あなたは知っていると思います。

→漠然と「思う」という表現を使うのはビジネスパーソンとしては心もとない印象ですね。

I assume you know already.
もうご存じだとは思いますが。

→端的に表現されていて、ビジネスパーソンらしい言い方です。

例文

▶ **We must assume the worst-case scenario.**
最悪のシナリオを想定しなければならない。

ほかの使い方 ☞ assumption　**n**［アサンプション］仮定、仮説、想定

Based on the assumption that the prices will remain stable, we should be able to sell more.
価格が安定すると仮定すると、もっと売れるはずだ。

column
仕事に関わるものを読めば一石二鳥
リーディング・スキル上達法

受験でしっかり勉強したからリーディングは比較的自信がある、という人も多いかもしれません。とはいえ、社会人になってからの英語の読み方は、受験英語とは異なる姿勢でのぞむべきです。ここでは、ビジネスパーソンとして仕事に生きる英語リーディングについてお伝えします。

まずは、英語のリーディングの目的を「情報収集」と定めてしまうこと。そうすれば、たとえわからない単語が1つあったとしても文章全体から要点をつかめればOK、と割り切れるからです。
ひとつひとつの語句や文を正確に読解することよりも、毎日何かしら英語を読むなど、コツコツと長期的な視点を持ってリーディングを捉えましょう。

学習を続けるにあたって、重要なポイントは次の2つです。

1 基本は多読、ときどき音読
2 見出し&最初と最後の段落読み

まずは「多読」についてです。
これは、リーディング・スキルだけでなく英語力全般について言えることですが、特に中級者以上となってくると、その

人の読書量が英語力に大きく影響してきます。英語の発音がネイティブのそれに近いとしても、いざ書いたり話したりといったアウトプットとなると、とたんに子どもっぽい表現になってしまう人がいます。一方で、発音は今ひとつでも仕事相手から一目おかれるような知的な英語表現を使えたり、自分の言いたいことを的確に発信できたりする人もいます。
この違いこそ、読書量の差なのです。ここで言う「読書」は、実は英語・日本語を問いません。英語でも日本語でもたくさん本を読むことで、英語力の底上げにつながります。

日本語の本はもちろんのこと、やはり英語の文章に数多くふれることが大切です。原書を1冊まるごと読むのはかなり負担が大きいので、最初は英字新聞の1記事を読む、など小さなことから積み重ねていきましょう。
その際、まずは自分の仕事に関する業界記事やグローバルサイトをおすすめします。すでに基礎知識がある状態で英文を読むことで理解が深まります。また、経済・時事関連のニュースもビジネスパーソンとしておさえておきたいですね。

一方、息抜きもしたい、という場合はエンタメ記事や興味があることを、英語記事を通して深めてみるのも良いでしょう。サッカーが好きなら海外サッカーの最新ニュースを、アメリカのTVドラマが好きならドラマ出演者のインタビュー記事や関連雑誌を読む、海外旅行が好きならば英語の旅行サイトで夢をふくらませるなど、楽しみながら日々英文にふれる習慣をつけましょう。

●仕事関連の語彙・情報を増やせるおすすめ企業サイト

小売・流通業界：ウォルマート　http://www.walmart.com
家電業界：フィリップス　http://www.philips.com
自動車業界：BMW　http://www.bmw.com/com/en/
金融機関：HSBC　http://www.hsbc.com
コンサルティングファーム：マッキンゼー
　http://www.mckinsey.com/

コンシューマー向けサイトの場合は、一般の方にマーケティングするにあたっての表現や季節にちなんだ表現などの知識を得られます。業界向け、ビジネス向けのサイトの場合は業界リポートや分析記事などが掲載されているので、最新情報や海外で話題になっていること等の情報収集に役立ちます。

●おすすめの英字新聞・ニュースサイト

The New York Times　http://www.nytimes.com
The Economist　http://www.economist.com
BBC　http://www.bbc.com
TIME　http://time.com
VOGUE　http://www.vogue.com

これらの英字新聞やニュースサイトも通勤時間などのスキマ時間を活用して記事1本読む、ということでもいいでしょう。私がおすすめしているのは、ツイッターなどSNSでこれらのアカウントをフォローしておくこと。通常は、媒体のツイート1つにつき記事1本を配信していることが多いのでリンク

を開いてみましょう。媒体のアカウントをひとつにリスト化すると、記事を追いやすくなります。

●おすすめのツイッターアカウント
The New York Times　@nytimes
The Economist　@TheEconomist
BBC News (World)　@BBCWorld
TIME　@TIME
VOGUE　@voguemagazine

そしていつも英文を黙読するだけではなく、ときどき音読してみましょう。その記事に書いてあるニュースを伝えるリポーターのように、内容を把握しながら、抑揚をつけて読めますか。実際に声に出すことによって、単語を理解しているか、内容を把握しているかといったことが客観的にわかります。たとえば、いきなり音読すると、読み上げることに気を取られて内容がさっぱり頭に入ってこない、という場合は先にざっと1、2段落目を通して内容を把握してから読み上げましょう。

さらに言えば、読んでいるうちに何度も出てくる単語や、キーワードだと思われる単語は辞書を引いたり、文章まるごとメモしたりして覚えましょう。
私の知り合いにcurrencyがどのように発音されるのか、読み上げるまでわからなかった、という人がいます。「貨幣、通貨」という意味の単語でビジネスでは必須、ニュースで国

際金融の話になれば必ず出てくる単語です。本人も何度も目にして意味もわかっていましたが、声に出したときの読み方がわからないとなると実際のコミュニケーションで使えない可能性があります。知っている単語をフル活用するためにもときどき音読して、自分の英語力を再確認しましょう。

ちなみにキーワードで、知っているはずなのにとっさに意味が出てこない、読み方がわからないといった単語に出会ったら、メモしておくことをおすすめします。この知人の場合はcurrencyを調べた際に、似た単語のcurrentも合わせてメモすることをすすめました。currentは、名詞としては「（空気や水の）流れ」、形容詞としては「現在の」といった意味があり、頻出の単語です。

スマートホンアプリで単語帳をつくって学習したい、という人におすすめなのがzuknowです。自分だけの単語帳をつくることもできますし、公開されている他の人の単語帳や出版社などの公式コンテンツを周りと切磋琢磨、競い合いながら学ぶこともできるのです。

zuknow

英語のリーディングは「基本は多読、ときどき音読」そして、キーワードに出会ったらメモ、と覚えておくといいでしょう。

次は「見出しと、最初と最後の段落読み」について。
日頃、英語学習のために海外のニュースサイトや英字新聞・

雑誌を読む際、一言一句すべてを理解する必要はありません。**毎日コツコツ続ける中で養いたいのが意味を類推する力です。**特にビジネスパーソンの場合は、文章の要点や自分の得たい情報をピンポイントに把握できればいいので、ざっと読み飛ばしながらさまざまな英文にふれることに重きをおきましょう。

テクニックの話になってしまいますが、そんなときに役立つのが、**まず見出しを読み、そして最初の段落と最後の段落を読むこと。**というのも一般的に英文の構成は、序論・本論・結論が基本。序論は最初の段落、結論は最後の段落にまとまっており、要は最初と最後の段落を読めば、その英文の言わんとすることがつかめることが多いというわけです。**また見出しには、アイキャッチになるよう、筆者が言いたいことが凝縮されている傾向があります。**

その文章の方向性を「見出し、最初と最後の段落」から得られたら、その後全体を読むかどうかは判断すればいいのです。知りたい内容であれば読み進め、特にそのときは関心がなければそこでやめればいいのです。だいたいの傾向をつかみながら、多読しているうちに、英文に慣れてくるでしょう。

これは、毎日英文にふれる目的を「情報収集」とした場合のことですが、会議資料やリポートを作成するためにしっかり読み込まなければならない場合は、ときには歯を食いしばって英文と向かい合わなければなりません。

私も通訳仕事の準備などでそのようなこともあります。ただ、その場合もたとえば正確に数字を把握する(英語で7桁以

上の数字も反射的に言えるようにする)、固有名詞を押さえる、前後関係を理解する、など目的に沿って英文を読むようにしましょう。

● デジタルの活用

139ページでツイッターでニュースメディアをフォローする話をしましたが、SNSやスマートフォンアプリも活用しない手はありません。

SNSでは、ツイッターのほかにもフェイスブックやインスタグラムを活用してもいいでしょう。ツイッターに比べて写真や動画が使われていて視覚的に内容を理解するにも有効です。フェイスブックでは「Instant Articles」と言って、大手メディアはすばやく記事がダウンロードできるように工夫されています。多少電波が弱いところでも、サクサク読めるのでダウンロード待ちのムダな時間やイライラが防げます。また、インスタグラムは写真がメインのため、長文を読むのはハードルが高いけれど英語を読み始めたい、という方にはとっつきやすいかもしれません。ニュースメディアなどをフォローして、写真のキャプションやコメントの英文を少しずつ読むところから始めてもいいでしょう。

ちなみに私がときどき読むのは、英語圏のブログメディア的存在となっているMediumのものです。アプリもサイトもあるので、デバイスに合わせて読んでいます。キュレーションサイトのトレンドもあって、何度か記事を読んでいくと好きな記事の傾向をアプリが把握してくれて、自分専用のカラ

ム For you に興味を持ちそうな記事を集めてくれます。ほかにも Top Stories や International などのカテゴリもあるので、アプリが集めてくれるもの以外にもふれるようにして読むものが偏らないようにしています。

Medium　https://medium.com

英語メディアをすぐに使うのはハードルが高い、旬をカバーする教材で勉強したいという人は、下記のようなリーディング用のアプリを使うといいでしょう。

●おすすめリーディングアプリ

POLYGLOTS

ニュース、ビジネス、エンタメなどの英文記事をキュレーションできる英語リーディングアプリ。英語力に合わせて英文記事が提案されたり、わからない単語をタップすると辞書が出てきたりするので、英語メディアをそのまま読むよりも、ハードルが低くなっています。また、読む速度のバロメータとなるペースメーカー機能もあるので、自分でスクロールしなくても、その速度についていくようにすればいいのです。

ざっくり英語ニュース

その名の通り、ニュースが英文3つでざっくり捉えられる仕組。また、和訳や単語解説がついているのでぱっと読んで、英語がわからなくても内容が把握できます。

PART

4

前向きに周りを鼓舞する
リーダーのための英単語

会話で使うと説得力と力強さが加わる単語をご紹介します。話し手の情熱・熱量をダイレクトに伝えられるので、世界の政治家や起業家が好んで使いこなすパワフルな英単語です。言葉の持つ、前向きなニュアンスをつかんでおきましょう。

4-1 INSIGHT
4-2 EMPOWER
4-3 IMPACT
4-4 INSPIRE
4-5 BELIEVE

4-1 INSIGHT

[インサイト] **n** 洞察、見識、物事の本質を見抜くこと

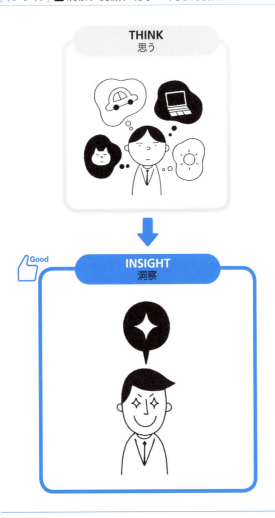

insight という単語は単なる「考え」にとどまらず、「洞察」すなわち物事の本質を明確に理解していることを、ひとことでズバリと表してくれる単語です。たとえば、会議では物事の本質をクリアに理解している人の意見に耳を傾けてしまいますよね。insight を使って、あなたの発言・意見に重みを持たせましょう。

I think that ….
わたしはこう思うんです……。

→自分の意見をきちんと言っていたとしても、この表現では「思いつき」と取られてしまうことも。

Good

I'd like to share the insights I've had over the past year.
わたしの、この一年（の経験）から得られた**考え（洞察）**を共有させていただきます。

→日本語訳では「考え」となりますが、「洞察」という深い意味合いを込められます。

例文

▶ **He presented some useful insights from the survey.**
彼は調査から得られた有益な**情報（洞察）**を発表した。

ほかの使い方 ☞ consumer (customer) insight
n 消費者（顧客）インサイト

消費者の行動観察などを通して潜在的な意識や深層心理にある価値観や感情といった購買に結びつくコアの部分への理解や解釈のことを指します。ビッグデータ時代である現在、多くの企業でコンシューマー・インサイトの部署ができています。アメリカの企業では、consumer insight(s) analyst（コンシューマー・インサイトを分析するアナリスト）やconsumer insight manager（コンシューマー・インサイト・マネジャー）というような役割を目にするようになりました。

4-2 EMPOWER

[エンパワー] **V** 権利を与える、権限を持たせる、〜できるようにする

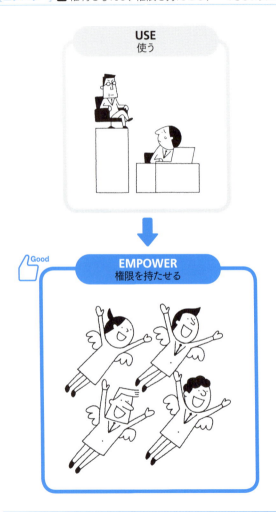

empowerを使って表現すると、スタッフにも自分で考えたり、判断したりして自主的に動ける環境があることを示唆できます。アメリカの社会運動などでよく使われていた表現が、エンパワメント(empowerment)。アフリカ系アメリカ人のエンパワメントに始まり、女性の社会的地位向上や障害者の自立生活運動などの考え方につながっています。そうした背景から、志の高い単語と言えるでしょう。

How do we use our staff?
スタッフをうまく**使う**にはどうしたらよいか。

→人を「使う」という表現では、上から無理やり相手を動かすような響きになってしまいます。

Good

How do we empower our staff?
スタッフに、仕事で**力を発揮してもらう**にはどうしたらよいか。

→ビジネスシーンでも、社員やスタッフを「使う」のではなく、彼らが自ら考えて行動できるような環境をempowerという単語で表現することが増えてきています。

例文

▶ **We empowered our agents to bring in more deals.**
代理店がもっと契約を取ってこられるように、**権限を持たせました**。

She empowered her staff to come up with a solution.
彼女はスタッフがソリューションを提案**できるようにした（力を与えた）**。

 ほかの使い方 ☞ **empowerment**
n [エンパワメント] エンパワメント、権限付与、力を与えること

Empowerment can provide employees with a sense of pride in and ownership of their work.
エンパワメントを通じて、社員に仕事に対するプライドと当事者意識を持たせることができる。

4-3 IMPACT

[インパクト] **n** 影響力、効果、衝撃

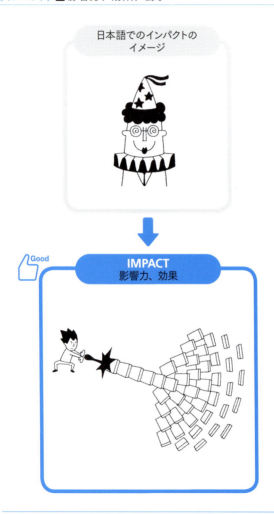

日本語では「あの人、インパクトあるよね」というように使うことが多く、impact を「少々変わっていること、個性的である」と捉える傾向がありますが、英語の impact は実は、「衝撃」そしてその衝撃の「影響力」といった意味があるのです。世界を動かすような影響力や自分が突き動かされるようなぐっとくる感覚に出会ったときに使いたい単語です。

> **Good**
>
> **We are thinking of ways to make a global impact.**
> 世界中に（ポジティブな）インパクトを与えるにはどうしたらいいかを考えています。

→どのみち関わるのであれば、そして毎日たくさんの時間を割くのであれば、より多くの人の生活を良い方向に変えるような仕事をしたいですよね。

例文

▶ **Envision what impact you want to have on the world.**
世界に及ぼしたい**インパクト（影響）**について思い描いてみてください。

▶ **The book had a huge impact on me.**
その本は私に大きな**影響**を与えた。

4-4 INSPIRE

[インスパイア] **v** 感動させる、インスピレーションを与える

何かを見たり聞いたりして「はっ」とすることはありませんか。その「はっ」とする感覚がインスピレーションです。仕事では人の言葉、行動、仕事ぶりなどに鼓舞されることも多いかと思います。また自分も、周りの人に刺激を与えられる、inspireできる存在でありたいですね。

The speech was moving.
（心を）動かされるスピーチだった。

→このままでも使える表現ですが、言い方によっては「スピーチが動いていた」と取られてしまうおそれもあります。inspireも使えるようになりましょう。

Good

The speech was inspiring.
感動的なスピーチだった。

→心が動かされる、気持ちが鼓舞されるときに最適な表現です。言葉にならない「すごい！」を表します。

例文

▶ **The CEO inspired many employees.**
CEOは多くの社員に**刺激を与えた**。

▶ **I was very inspired by your book.**
あなたの本を読んでとても**感動しました**。

ほかの使い方 ☞ inspiration
n [インスピレイション] インスピレーション、刺激、ひらめき

His speech is an inspiration to many people.
彼のスピーチは多くの人へ**刺激**を与える。

His last-minute inspiration prevented the worst situation.
彼のとっさの**機転**により最悪な事態をまぬがれた。

BELIEVE

[ビリーヴ] **V** 信じる、確信する

「思う」を表現するときにどれくらいの強さで思っているかを伝えることはビジネスにおいて非常に大切。特に目の前にいる人に商品を勧めたいときや、社内でプロジェクトを推進したいときには I think ...（〜だと思います）では自信があるようには聞こえません。確信を持って思っていることを伝えたいときは believe（〜だと信じています）を使いましょう。

I think this product will sell well.
この商品は売れると**思います**。

→漠然としていて、売れるかもしれないし、売れないかもしれないと思っているように聞こえます。

Good

I believe this product will be a great hit.
この商品は大きなヒットになると**確信しています**。

→商品に自信があって、この商品は売れると確信していることがわかります。

例文

▶ I believe that my company is well-managed.
弊社の経営は健全だと**確信しています**。

▶ I believe my team is in agreement.
私のチームは団結していると**信じています**。

column
ディクテーションは最強！
ライティング・スキルを上げるなら

ビジネスシーンの英語コミュニケーションはメールが主流になっているせいか、英文メールを通して英語を書く機会が増えた、という人も多いのではないでしょうか。また海外とのやりとりなどで英語の会議資料作成で英語を書いている、という人もいるかもしれません。

スピーキングと同様、ライティングもアウトプットが上達の基本です。ただ英文メールの本を眺めているだけでは使えるようにはなりません。自分で書いてみて発信し、相手からの返信があり、それに応えるためまた英文を書く、というような繰り返しがライティング・スキルを鍛えてくれます。
とはいえ、独学でできて、ライティング・スキルひいては英語力全体の底上げにつながる絶好のトレーニングがあります。それが「ディクテーション」です。
ディクテーションとは、英語の音声を聞いて書き写す、いわゆる書き取りです。
英文が書けるようになるには、まず英文の型を覚えなければなりません。それにうってつけなのが書き取りだというわけです。
実際に書いてみるとしっかりと把握していなかった文法事項や聞き取れなかった音が把握できるので、リスニング力と文法力の強化にもつながります。英語を書く上では文法の基礎

がしっかりしていることが重要な要素です。現在形や過去形の違い、名詞の複数形や単数形などを聞いて書くことで文法が身につけられます。語彙や文章のバリエーションも増やすことができるのです。

私は学生時代に映画のディクテーションを好んでしていましたが、映画一本となるとだいぶ時間がかかります！忙しい社会人の皆さんは、Youtubeなどで見られるスピーチ動画のディクテーションから試してみてもいいかもしれません。スピーチのディクテーションをすると、社会人らしいスピーチで使われるフレーズや単語などの表現を身につけることもでき、むやみに教材を買うよりも安上がりで効率も良いでしょう。

TED　http://www.ted.com/
テクノロジー、エンタテイメント、デザインなどさまざまな分野の知識人が10－20分のプレゼンを行うTED.com 。TEDサイトでもYoutubeでもアプリでも英語にふれられます。TEDを使ってディクテーションなど英語学習者用に工夫されているTEDICTなど姉妹アプリもあります。

TEDサイトの検索窓に興味があることを入力し、検索結果の中からフィーリングで選んでみましょう。また周りで話題になっている動画があればそれを見てみてもいいでしょう。私が個人的におもしろいなと思ったのは下記です。

Derek Sivers: How to start a movement
ムーブメントはどのようにして起こるのか、リーダーシップとは何かといったことを考えさせられます。

Amy Webb: How I hacked online dating
日本語で言うと「出会い系」となり、あまりポジティブな印象を持たない人もいるかもしれませんが、アメリカでは一般的になっているオンライン・デーティング。実はマーケティング力が問われる、ということをおもしろく語っています。

またスティーブ・ジョブスのスタンフォード大学卒業式のスピーチはとても有名ですが、同様にいろいろなアメリカの大学の卒業式の著名人のスピーチを見て、ディクテーションしてみるのもいいでしょう。
私が印象に残っているのはたとえばハリー・ポッターの著者であるJ.K. Rowling 氏のハーバード大学卒業式スピーチ（2008）やフェイスブックの初期従業員であったKevin Colleran氏のバブソン大学卒業式スピーチ（2015）などです。

J.K. Rowling Speaks at Harvard Commencement
https://youtu.be/wHGqp8Iz36c

Kevin Colleran's Commencement Speech to the Class of 2015 at Babson College
https://youtu.be/EUReZ6S_9qg

それぞれ transcript といって英語のスクリプトもサイトにあるので答え合わせもできますね。
週末など時間をつくって、ディクテーションにじっくり取り組んでみてください。

●英文メールを書く際の必須ポイント

スピーチのディクテーションで文法の基礎をおさらいしつつも、やはり目先のライティング課題といえば英文メール。ビジネスで手軽に使えるコミュニケーションツールですが、自分の書いた英文メールではたして相手に通じているのか、間違いはないのか、と不安に思う人もいるでしょう。
英語圏でも「英文メールの書き方」といった書籍が売れているくらいで、ネイティブスピーカーでさえ社会人になりたての頃はメールをどのように書こうか戸惑うこともあるようです。

いろいろな方法論があるようですが、一番のポイントは相手とコミュニケーションを円滑に進められるよう配慮する、ということです。文の書き方や、返信のタイミングなど業界や相手の傾向によって違ってきてしまうのが現状です。

Dear Eriko, と毎回書いてきてくれる丁寧な人もいれば、宛名をせずにいきなり本文に入る人も多いです。名前も Eriko と呼んでくれる人もいれば、常に Ms. Sekiya とか Sekiya-san と宛ててくる人もいます。そのような現状から私は、や

りとりを通じて相手に合わせていくのが無難だと感じています。

ただ、いくつか押さえておきたいポイントがあるのでご紹介します。日本語で丁寧なメールに慣れている人は意識を切り替えておくといいでしょう。

1 メールは１通に１つの用件
2 用件を先に書く
3 へりくだりすぎない、やたらと謝らない

１の「メールは１通に１つの要件」について。メールは字数に制限がなく添付もできるので、ついついいろいろ書き込んでしまいがちですが、やはりシンプルすっきりとメール１通に１用件というルールを守りたいところです。その際は中身がわかるような件名をつけること！ ときどき件名に Hello（こんにちは）だけとか This is Tanaka（田中です。ただ通常英語圏では苗字で名乗る人は少ないので This is Tanaka. という文自体少し不自然な印象を受けます）と書く人がいますが（英語圏にもいます）中身がわからないので重要ではないものと思われてしまい、開けてもらえない可能性もあります。

２の「用件を先に書く」について。日本のメールでは時候のあいさつや「お世話になっております」など、用件に入るまでが長いのですが、英文メールではそのたぐいのものは不要

です。**すぐに本題、メールの主旨を書きましょう。**

3の「へりくだりすぎない、やたらと謝らない」について。英語でビジネスを行う以上、お互いはフラット（対等な）関係です。**相手に対してへりくだりすぎたり、過剰に謝ったりするのは禁物です。** 第5章にも書きましたが、たとえばpleaseを多用すると、相手は懇願されている気持ちになり、重苦しくなりますので、pleaseは1つのメールに1回まで、としてください。同じメールの中で依頼をしたいときは表現を変えながらしつこくならないように注意しましょう。また日本語の感覚で「お手数をおかけして恐縮ですが」という気持ちを I'm sorry but - （すみませんが、）と書かないこと。but に続く内容は、謝るようなうしろめたいことなのかと思われてします。

名前の宛て方やあいさつ、締めなど大枠の形式的な部分は相手に合わせながら、読む側に配慮しながら中身は簡潔に、ということを心がけましょう。
なお、もっと詳しく知りたいという方は拙著『たった3文でOK！ 関谷英里子のビジネスパーソンの英文メール術』をご覧ください。さまざまなビジネスシーンに応じたテンプレートを掲載しています。

● TOEIC対策がライティング・スキル向上に活きる！
英語を書くアウトプットは学習の中でも機会がなかなか見つけられないのが現状です。アウトプットできる機会があれば

積極的に活用していきましょう。

そのひとつがTOEICのスピーキング＆ライティングテスト。990点満点のリスニング＆リーディングテストは入社や昇進などで特定の点数を課している企業も出てきていることから、おなじみだという人も多いと思いますが、意外と知られていないのがスピーキング＆ライティングテスト。スピーキングでは課題に対して自分で声を吹き込み、またライティングに関しては実際に英作文をしたものを点数化してくれるテストです。

ライティングの問題の中には、設問文にあるメールに対して、こちらの要望を2つ考えて返信する、というものもあります。このメール問題は準備時間2分、実際に書く時間は8分です。その中で、適切な書き出しを行い、要望を2つ書き、締めの言葉を書く、といった流れを自然なメールの形式にして回答します。
また、ある課題について、自分の意見を書き記すという設問もあります。序論・本論・結論と構成をきちんとしながら、意見をわかりやすく簡潔に述べることが求められます。

自分の英語力の立ち位置を知るために、あるいはアウトプットする機会を増やすためにもTOEICスピーキング＆ライティングテストを活用するといいでしょう。

最後に、ご紹介したいのがライティング教材としてHiNative

Trek（ハイネイティブ・トレック）というサービス。2016年にできたサービスです。IT業界に特化した内容ですが、一般ビジネスパーソンでも学ぶところが多く、アウトプットしたものを添削してもらえるので、興味がある人は見てみてください。

HiNative Trek　https://trek.hinative.com

PART

5

知らずに使うと損をする!?
NGワード&フレーズ12

「え? まさか、そんなふうに聞こえていたなんて……」知らずに使うと損してしまう、NGワード&フレーズをまとめました。意外と怖いカタカナ英語の落とし穴や、文化の違いによる誤解をじっくり解説します。

- **5-1** I don't know
- **5-2** You should / You had better
- **5-3** What's your problem?
- **5-4** Please
- **5-5** Demand
- **5-6** Claim
- **5-7** Power
- **5-8** My English is very poor.
- **5-9** I have difficulty in hearing.
- **5-10** I'm fine!
- **5-11** I don't care.
- **5-12** Handshake

NG 1: I don't know

[アイ・ドント・ノウ] わかりません

「知らない」ではなく、これから学ぶ姿勢を

「御社の状況ははっきりとはわかりませんが……」などと知ったかぶりをせずに正直に前置きをしているつもりでも、それを直訳して、I don't know your situation, から会話を始めるのはご法度です。「わからないなら言うなよ」と思われても仕方がありません。

Although we still have to learn your environment,
のように、「まだ御社の状況を学ぶ身ではありますが」とすると、これから相手の状況について知識を深めていくつもりであることがアピールできます。

> ⚠ **I don't know your situation, but we think …**
> 御社のことは**よくわかりませんが**、我々が思うに……
>
> →「よくわからない」と面と向かって言うのはNG。わからないなら、会議の前に調べましょう。

Good

> **Although we still have to learn your environment, we assume we can contribute to the improvement in the production system.**
> まだ御社についてこれからも学ぶ所存ではありますが、生産システムの改善についてご協力できることがあるかと思います。
>
> →謙虚だけれども今後も我が社のことを学んでくれる前向きな姿勢がいい、この人の提案を聞いてみたいと思われます。

You should/ You had better

[ユーシュド、ユーハドベター] ～した方がよい

それでは脅迫になってしまいます！

「～した方がよい」と何かを提案する際に should や had better を使う人をよく見受けます。学校で習ったことの影響かもしれませんが、実はビジネスの会話で使うと一方的で威圧的だと思われています。

意図せずにそのような印象を与えるのは本当に損です。

It would be great if you could...

という表現を使えば、「～していただけると、ありがたい」「～してもらえると、すごくよい」というニュアンスに変えられます。

⚠ **You had better finish the brief by Wednesday.**
水曜日までに概要を**まとめろ**、さもないと……。　　　brief＝概要

→この人はどうしてこんなに威圧的に話すのかな、感じ悪いと思われてしまいます。

Good

It would be great if you could finish the brief by Wednesday.
水曜日までに概要を**まとめておいて**もらえると助かるよ。

→こんな言われ方ならがんばって終わらせようという気になります。

NG 3

What's your problem?

[ホワッツ・ユア・プロブレム?] なんか文句あんのか？

けんか腰だと受け止められないように

ビジネスで相手の問題を解決するならば、まず問題を聞き出さなければと思うもの。
What's your problem? と日本人の方が聞いたところ、雰囲気が一転し、非常に気まずくなった現場に居合わせたことがあります。

What's your problem? は、実は「何が問題なのですか」という意味ではありません。目が合った際に相手の眼つきや態度が悪く、けんかを売っているように思えた場合に使われる

表現なのです。
日本語にすれば「なんか文句あんのか？」といったところです。

実際に相手の抱えている問題を聞き出したいときには
What's the problem?
What's the issue?
がよいでしょう。

これなら、「何が問題なのですか」と確実に伝わるので気まずい雰囲気にはなりません。

⚠ What's your problem?
なんか文句あんのか？

→なんなんだ、この人は突然……失礼な！

Good
What is the issue?
何が問題でしょうか。

→そうか、問題点をしっかりと教えてあげよう、と思われます。

Please

[プリーズ] お願いします

「お願い!」多用すると慇懃無礼に取られる

ビジネスで依頼ごとはつきものです。「〜してください」= please だと思い込んでいませんか。またメールでもとりあえず please を使えば相手は動いてくれると思っていませんか。

Please finish the work by Friday.
Send us the brochure, please.
Please reply to this email.

実はこの please はクセ者。多用するのは慇懃無礼と取られる場合が多いのです。表面上は丁寧で礼儀正しいようでも実は尊大な態度をとっていると捉えられてしまいます。あるいは、腰の重い相手に対して懇願していたり、怒りを持って「お願いだから、いい加減〜してよ!」と言っていたりするようなニュアンスにも取られてしまうことがあるのです。

please は、まったく使ってはいけない、というわけではありませんが、ビジネスではお互いに気持ちよく仕事を進められるよう、スマートな印象を与えられる表現のバリエーションを覚えておきましょう。

Please ➡ **It would be great if you could**

△ **Please** finish the work by Friday.
お願いだから金曜日までにその仕事を終えて**ちょうだい**。

Good
It would be great if you could finish the work by Friday.
金曜日までにその仕事を終えていただけますと幸いです。

Please ➡ **Could you / Do you think you could**

△ Send us the brochure, **please**.
パンフレットを送ってよ、**もうほんと、頼むよ**。

Good
Could you send us the brochure?
Do you think you could send us the brochure?
パンフレットを送っていただけますか。

Please ➡ **look forward to**

△ **Please** reply to this email.
このメールに返信してよね。

Good
We **look forward** to hearing from you.
お返事をお待ちしております。

迷ったときは It would be great if 〜（〜していただけるとうれしいです）という表現を覚えておくと、安心です。

NG 5 Demand

[ディマンド]（〜することを強く）要求する

「さっさと送ってこいよ」そんな言い方、コワすぎる

ビジネスは需要と供給のバランスで成り立っていますよね。日本語では「需要と供給」の順番ですが、英語では **supply and demand**（供給と需要）。サプライもディマンドも仕事上はカタカナで使っている方も多いのではないでしょうか。日本人になじみのあるビジネス用語であるせいか、「〜が必要だ」と表現する際に demand を使われる方がよくいらっしゃいます。特に相手がいつも期限に遅れたり、過去にミスがあったりしたのであれば強めに言っておきたい気持ちもわかりますが、どうかご注意ください。demand はかなりきついニュアンスなので、ビジネス上は使わない方が無難です。

✗ **We demand you send the products as soon as possible.**
さっさと商品を送ってこいって言ってんだよ!

→単純に和訳すれば「なるべく早く商品を送るように我々は要求します」ですが、実際は上記のように受け取られます!

Good
We'd like you to send the products by the end of the month.
今月の終わりまでに商品を送ってください。

上記のように期限をはっきりさせて、相手の行動を促しましょう。

Claim

[クレイム]（〜の）権利を主張する

日本語の「クレーム」はclaimではありません

不良品が届いた等クレームをつけたり海外からクレームを受けたりといったケースもあるかもしれません。でも「クレーム」は和製英語なのです！注意しましょう。

❌ He made a claim to the Maker.
彼はつくる人に**権利を主張した**。

→ 特にMakerとMが大文字の場合、「彼は創造主（神）に権利を主張した」とも解釈されてしまいます……。仕事をしていてこんなこと言われたらびっくりです！

He made complaints to the manufacturer.
彼はメーカーに**クレームをつけた**。

→ 「メーカー」は英語ではmakerではありません！ 一般的にはmanufacturerです。注意しましょう。

received a claim received a complaint

❌ We received a claim from a customer.
お客様から（何か所有権などの権利に関する）請求を受けた。

We received a complaint from a customer.
お客様から**クレームを受けた**。

Power

[パワー] 権力・支配力

日本語の「力」はpowerではありません！

競争の激しい昨今、自分たちの企業の実力をアピールして相手を引きつけたいという思いはあって当然です。

今まで蓄積してきたチカラ、素晴らしい業績を上げるチカラ……日本語では「実力」を表す「チカラ」という言葉ですが、そのまま英訳して power を使っていませんか？

それでは相手が引いてしまいます！

もともと power は神、権力、支配力など宗教や政治と深く結びついた言葉。ビジネスとは違う、裏の方法を取って売上

を上げる、あるいは何か宗教と結びついた方法を取る、と捉えられてしまいかねません。

単語1つで、相手が引いてしまっては非常にもったいない話です。

✗ We have the power to raise sales.
我々には売上を上げる**権力**がある。

→「我々には売上を上げる実力があります」という意味では伝わりません。

Good
We have great resources to sell 20% more than your current sales.
今の御社の20%増の売上を達成するだけの**実力（リソース、資源）**が我が社にはあります。

Good
We can help increase your sales by 20%. We have achieved similar results with many other companies.
御社の売上を20%上げるサポートができると思います。ほかの多くの会社でも似たような結果を達成しております。

→多くの会社との取引実績からもおわかりいただけるでしょう、という感じに伝わります。

上記のように、最初にひとこと言った上で、どのようにその売上を達成するのか具体的に話せば、バッチリです。

My English is very poor.

[マイ　イングリッシュ　イズ　ヴェリィ　プア] 私は英語が苦手です。

英語が苦手なんです、とへりくだってはダメ

日本は謙遜の国。多少英語が話せても「いやぁ、実は英語は苦手でして……」と言って、周りの日本人と同調しようとしていませんか。もしくは、先に「英語は苦手なのです」と宣言して、なるべく話をしないですめばいいな、なんて思っていませんか。

でも、そんなときに「英語が苦手なんです」と言っても何の得にもなりません。むしろ逆効果です。英語が苦手でも、ビジネスは遂行しなければなりませんし、相手の外国人だって「英語が苦手です」と言われても、英語でビジネスが進んで

いるのですから、どうしようもありません。

むしろ「では、どうしたらいいんだ」「この人はビジネスを進めたいと思っていないのではないか」と不快に思われても仕方ありません。

❌ My English is very poor.
私は英語が苦手なんです。

→「だから何なんだ?」と相手は思ってしまいます。

でも、どうしても「自分は英語が苦手で、実は言いたいことはたくさんあるのに相手に伝えきれていないのだ」と言いたいときはどうしたらいいでしょう。

👍 Good
I am still learning English.
私はまだ英語を学んでいる最中なのです。

👍 Good
I hope you could bear with my English a little more since I am still learning.
私の(つたない)英語ともう少しお付き合いください。まだ学習過程なもので……。

自分の英語のつたなさを強調することに終始するより、「まだ学んでいる最中なのです」と前向きなニュアンスで話しましょう。

I have difficulty in hearing.

[アイ　ハヴ　ディフィカルティ　イン　ヒアリング] 耳が遠いのです。

聞こえづらいですか？

どうしても英語の聞き取りが苦手、ということはありますよね。学校では紙の上でのテスト勉強に終始してしまい、なかなかヒアリングやスピーキングはできなかったという方に多い苦手意識です。外国人と話す際に、相手の言っていることが聞き取れないので「ヒアリングが苦手なのです」ということを伝えてしまおう、そうしたら相手もゆっくり話してくれるかな、と思うのが人間の心理なのは理解できます。

ただ、そのとき「リスニングが苦手なのです」と言いたくて、I have difficulty in hearing. などと言っていませんか。それでは「私は耳がよく聞こえません」と受け取られ、耳が遠い人と思われてしまいます。そして、相手はあなたに向かって大きな声で話し始めてしまいます。

また、「リスニングが苦手なのです」と言いたくて、I am not good at listening. と言うのもやめましょう！「私は人の話を聞くことが苦手です」と取られて、注意散漫な人、一方的に話したい人なのだと思われ、誰も話しかけてくれなくなってしまいます。

聞き取りが苦手な場合でも、「苦手」ということをわざわざ言わなくていいのです。英語を学ぶ際に「リスニング」というカテゴリー分けをして勉強していること自体、英語のネイティブは考えない、あるいは知らない場合が多いからです。「ゆっくり話してください」と言えば、その後の会話はスムーズに進みます。

I have difficulty in hearing.
私は耳がよく聞こえません。

I am not good at listening.
私は人の話を聞くのが苦手です。

Good
I couldn't quite get that. Do you think you could repeat what you just said?
今のがちょっと聞き取れませんでした。もう一度おっしゃっていただけますか。

Good
Could you speak more slowly?
もう少しゆっくり話していただけますか。

NG 10

I'm fine!

[アイム　ファイン！] ほっといてよ！

元気に応えたら、相手はそそくさといなくなってしまった

How are you?（お元気ですか。ご機嫌いかがですか。）
と聞かれたら、
I'm fine, thank you. And you?（元気です。あなたはいかがですか）
と返事をしましょう——そう中学校で習いましたね。
でも、気をつけて！　この後半部分 thank you. And you? をはしょって、「元気です！」と答えたつもりになっていませんか。実は、I'm fine! だけだと「ほっといてくれよ！」というニュアンスになってしまうのです。

How are you?（お元気ですか）と聞かれたら……

❌ **I'm fine!**
ほっといてよ！

→あいさつしたとたんに「ほっといて」と言われたら、もう二度とその人からあいさつすらしてもらえないかもしれませんよ……。

Good

I'm doing great, thanks.　おかげさまで元気ですよ。
Good, thanks.　元気ですよ。
Good, thanks. And you?　元気ですよ。あなたは？

I don't care.

[アイ ドゥン ケア] どうだっていいよ。

NG 11

「どうだっていいよ」になっていませんか

「AとBどちらにしましょうか」とか「これから〜しましょうか」と尋ねられて、特にこだわりがないしどちらでもいい場合、あなたはどう答えますか。とっさに I don't care. が思い浮かんだ人は要注意！「どうだっていいよ」と、かなり投げやりに聞こえてしまうのです。

I don't mind.（どちらでもいいですよ）

このフレーズを覚えましょう。「特にこだわりはありません」というニュアンスで、話し手の柔軟性がアピールできる表現です。

What do you want to do for the afternoon? Shall we continue with the lecture or shall we get into smaller groups to have discussions?（午後はどうしましょうか？ 講義を続けましょうか、それとも少人数のグループに分かれてディスカッションしましょうか）と聞かれたら……

✗ I don't care.
どうだっていいよ。

Good
👍 I don't mind. You can decide what you think is best.
どちらでもかまいません。一番よいと思う方でいいですよ。

Handshake

握手

第一印象は握手で決まる！

英語で行われるミーティングは通常握手で始まり、握手で終わります。だから、第一印象と最終的に残る印象としての握手はとても大切。あなたの握手、デキる人の握手ですか？

ダメな例1：握力の弱いソフト握手

日本人の握手は気持ち悪い、と評されているのをご存じですか。体にふれるあいさつになじみのない日本人はとかく遠慮がち。だから握手もおそるおそる、ソフトタッチになってしまう。けれども握手はその人の信頼性を測るとも言われており、欧米ではしっかりとした握手がお約束です。堅い握手に慣れた欧米人が、ソフトタッチな日本人の握手に遭遇するとどうしても「信頼できない、気持ち悪い」と思ってしまうそうです。

ダメな例2：おじぎを一緒にする目線そらし握手

日本に握手の文化がないせいか、ついおじぎと混ざったよう

な握手をする人がいます。また、おじぎをするとつい目線が下に向いてしまいます。これでは目をそらした、と受け取られ「信頼できない」という感情に結びついてしまいます。

ダメな例3：上下に何度も振るバウンド握手

一生懸命アピールしたいからといって、握手した手を何度も上下に振ってはいけません。この握手に加え、中腰でひざまでバウンドしてしまう日本人を多く見かけますが、非常に滑稽に見えますから注意しましょう。上下に振るのではなく、堅くぎゅっと握る握手に今日から変えてください。

では、どのような握手ならよいのでしょう？

右手をやや上から差し出し、相手の目を見ながら、しっかりと握りましょう。常識の範囲内でぎゅっと一度握ればＯＫです（相手の手を握りつぶしてはいけません！）。ポイントとしては弱すぎず、何度も振らないこと、相手を見ることです。これで、グローバル・ハンドシェイクの出来上がり！

おわりに

Dedicated to the things that haven't happened yet and the people who are about to dream them up.

まだこれから起こるであろう、たくさんのすばらしいことへ そしてそれらを今まさに思い描かんとしているすべての人へ

留学先であるスタンフォード経営大学院の校舎の柱に書かれており、私がとても好きな言葉です。このキャンパスで、未来に思いをはせながら学んだ人たちが残した功績やこれからまさに起こそうとしている変化に対するリスペクトを込めて書かれた言葉なのではないか、と想像します。

dream 〜 up
（不可能な計画などを）頭に描く、思いつく、考え出す、想起する

という意味です。

みなさんはどのような未来を dream up するのでしょうか。

私が dream up している日本の未来は、英語に苦手意識を持たずに、自信を持って英語を使いこなし世界で活躍する人が増え、日本や日本人の存在感がますます大きくなるような

未来です。それぞれが自分らしくのびのびと活躍しながら、より良い世の中づくりに携わる人が増えることです。そのために世界を理解し、理解され、そして発信していくためにも英語は不可欠なのではないかと思うのです。

アイデアはいいのに、商品やサービスはいいのに、狙いはいいのに……。たくさんの「○○はいいのに」、世界を相手にその良さを伝えられずにいるに歯がゆい思いをしている人や会社は、日本にまだまだたくさんあるのではないでしょうか。それを克服するには、地道ではあるけれども英語力を向上させることが大切なのです。

ではどこから始めるか。
まずはこの本の単語を徹底的に身につけ、実際のビジネスの場面で使えるようになるところから始めてみてください。ちょっとした単語の使い方ひとつで、周りの見る目が変わるという体験をしてみてください。そうすれば、もっと相手の心をつかむような話し方ができるようになりたい、そう貪欲に英語に取り組めるようになるのではないでしょうか。
そのきっかけとして、この本を使ってください。一緒に、日本そして日本人が世界で活躍する未来をいっそう切り拓いていきましょう。

dream という単語に関しては実はもうひとつ、好きな言葉があります。

Dream while you're awake.

夢は寝ている間に見るものだけではありません。夢を思い描きながら、現実化させるべく日々活動していけたらと思っています。私自身もまだまだ、英語でのコミュニケーションも、ビジネスに関しても発展途上です。仕事も英語も、これからも一緒にがんばっていきましょう。

2016 年 5 月　関谷英里子

INDEX

ADVANTAGE	64	GROW	34
AIM	24	ILLUSTRATION	126
ALTERNATIVE	122	IMPACT	150
ANNOUNCE	112	IMPROVE	70
APPLY	96	INSIGHT	146
ASSUME	134	INSPIRE	152
AVAILABLE	44	KEY	38
BELIEVE	154	LAUNCH	74
BENCHMARK	132	MANAGE	66
CHALLENGE	68	MILESTONE	84
COMMIT	26	MONITOR	98
CONSIDER	46	OPERATION	88
DELEGATE	120	OPPORTUNITY	36
DESIGN	72	ORGANIZE	92
DEVELOP	78	OVERVIEW	82
ELABORATE	42	PERSPECTIVE	80
EMPOWER	148	POTENTIAL	114
ENABLE	124	PROMOTE	90
EXECUTE	118	RECAP	50
EXPAND	32	RESERVATION	54
EXPERTISE	116	REVISIT	52
FACILITATE	130	SHARE	22
FEEDBACK	30	SIGNIFICANT	76
FIGURE	128	SPECIFIC	94
FOCUS	28	SYSTEM	86
GENERATE	40	UPDATE	48

memo

> 著者紹介

関谷英里子
Eriko Sekiya

日本通訳サービス代表。
アル・ゴア米元副大統領やノーベル平和賞ダライ・ラマ14世、フェイスブックCEOマーク・ザッカーバーグ氏、フェイスブックCOOシェリル・サンドバーグ氏、テスラモーターズCEOイーロン・マスク氏など一流講演家の同時通訳者。
NHKラジオ講座「入門ビジネス英語」元講師。ビジネスの現場で苦労しながら身につけた英語をわかりやすく解説した、実用的な内容が好評を博す。「英語でしゃべらナイト」(NHK)「未来世紀ジパング」(テレビ東京)などテレビ出演多数。
慶応義塾大学経済学部、スタンフォード大学経営大学院卒業。伊藤忠商事、ロレアルを経て一流講演家向け同時通訳サービスを展開。現在米国サンフランシスコ、シリコンバレー在住。スタートアップ投資や日米企業へのコンサルティング、アドバイザリ業務を行う。
著書に、本書の元となったベストセラー『カリスマ同時通訳者が教える ビジネスパーソンの英単語帳』、『カリスマ同時通訳者が教える ビジネスパーソンの英単語帳+70』(ディスカヴァー)に加え、『関谷英里子の ビジネスパーソンの英文メール術』(ディスカヴァー)『関谷英里子のビジネスに効く!ポジティブ英語』(NHK出版)、『同時通訳者の頭の中』(祥伝社)他多数。翻訳書に、『まさか!?自信がある人ほど陥る意思決定8つの罠』(ダイヤモンド社)がある。

オフィシャルブログ　http://ameblo.jp/premierlinks/
フェイスブック　esekiya
ツイッター　erikosekiya
インスタグラム　erikosekiya

上記以外の通訳実績例

マインドマップ®の発明者｜トニー・ブザン氏
世界1000万人に読まれる『ザ・ゴール』の著者｜故エリヤフ・ゴールドラット博士
世界三大投資家の1人｜ジム・ロジャーズ氏
世界1000万人に読まれる『7つの習慣』の著者｜故スティーブン・コヴィー博士
ヴァージン・グループ創設者｜リチャード・ブランソン氏
ノーベル平和賞受賞・南アフリカ共和国元大統領｜フレデリック・W・デクラーク氏

**同時通訳者が教える
ビジネスパーソンの英単語帳＜エッセンシャル＞**

発行日　2016年5月15日　第1刷

Author	関谷英里子
Illustrator	高田真弓
Photographer	矢作常明（arrow44）
Book Designer	DESIGN WORKSHOP JIN,Inc.
Publication	株式会社ディスカヴァー・トゥエンティワン 〒102-0093　東京都千代田区平河町2-16-1 平河町森タワー11F TEL　03-3237-8321　（代表） FAX　03-3237-8323 http://www.d21.co.jp
Publisher	干場弓子
Editor	石橋和佳
Marketing Group Staff	小田孝文　中澤泰宏　吉澤道子　井筒浩　小関勝則　千葉潤子 飯田智樹　佐藤昌幸　谷口奈緒美　山中麻吏　西川なつか　古矢薫 米山健一　原大士　郭迪　松原史与志　蛯原昇　安永智洋　鍋田匠伴 榊原僚　佐竹祐哉　廣内悠理　伊東佑真　梅本翔太　奥田千晶 田中姫菜　橋本莉奈　川島理　倉田華　牧野類　渡辺基志　庄司知世 谷中卓
Assistant Staff	俵敬子　町田加奈子　丸山香織　小林里美　井澤徳子　藤井多穂子 藤井かおり　葛目美枝子　竹内恵子　清水有基栄　伊藤香　常徳すみ イエン・サムハマ　南かれん　鈴木洋子　松下史　永井明日佳 片桐麻季　板野千広
Operation Group Staff	松尾幸政　田中亜紀　中村郁子　福永友紀　杉田彰子　安達情未
Productive Group Staff	藤田浩芳　千葉正幸　原典宏　林秀樹　三谷祐一　大山聡子 大竹朝子　堀部直人　井上慎平　林拓馬　塔下太朗　松石悠 木下智尋　鄧佩妍　李瑋玲
Proofreader & DTP	朝日メディアインターナショナル株式会社／(有)フルフォードエンタプライズ
Printing	共同印刷株式会社

定価はカバーに表示してあります。本書の無断転載・複写は、著作権法上での例外を除き禁じられています。インターネット、モバイル等の電子メディアにおける無断転載ならびに第三者によるスキャンやデジタル化もこれに準じます。
乱丁・落丁本はお取り替えいたしますので、小社「不良品交換係」まで着払いにてお送りください。

ISBN978-4-7993-1873-7
ⓒEriko Sekiya, 2016, Printed in Japan.

ディスカヴァー語学書のベストセラー

カリスマ同時通訳者が教える!

たった3文でOK!関谷英里子の
ビジネスパーソンの英文メール術

関谷英里子

NHKラジオ「入門ビジネス英語」元講師、世界のエグゼクティヴに信頼される同時通訳者直伝!これさえ見ればすぐ書ける!あいさつ・問い合わせ・交渉・アポ取り…あらゆるビジネスシーンで使えるテンプレート50!頻出表現リスト付き。

定価1500円(税抜)

お近くの書店にない場合は小社サイト(http://www.d21.co.jp)やオンライン書店(アマゾン、楽天ブックス、ブックサービス、honto、セブンネットショッピングほか)にてお求めください。挟み込みの愛読者カードやお電話でもご注文いただけます。03-3237-8321(代)